KB266237

# 전북 서부 내륙의 맛
# Jeonbuk Local Gourmet

HERE,
HEART AND TASTE

# Here, Heart and Taste

# CONTENTS

# 색(色)에 반하고 맛에 취하다
# 전북 비빔밥들

비빔밥은 단순한 한 끼가 아니다. 밥 위에 고명을 올리고 장을 더해 비비는 행위는

서로 다른 재료를 한데 모아 균형을 이루는 과정이다. 전북에서는 그 균형이 곧 지역의 성격이 된다.

반가의 격식, 장터의 열기, 산과 들의 계절이 한 그릇 안에서 만난다.

그래서 전북의 비빔밥은 하나로 정의되지 않는다. 서로 다른 얼굴을 가진 복수의 비빔밥이 공존한다.

전주 한국집

익산 한일식당

전주에서는 놋그릇 위에 정갈하게 올려진 고명이 먼저 눈을 사로잡는다. 황포묵과 고사리, 시금치, 육회와 달걀지단이 가지런히 놓인 모습은 비비기 전부터 하나의 상차림처럼 완성되어 있다. 이는 궁중과 반가 음식의 전통을 이어온 방식이며, 숙성된 장맛이 재료들을 부드럽게 묶어준다. 같은 전북 안에서도 익산 황등에 이르면 풍경은 달라진다. 뜨겁게 달군 돌솥에 밥과 고명을 담아내고, 양념장을 더해 비비는 순간 지글거리는 소리가 퍼진다. 바닥의 밥알은 누룽지로 변하고, 고소한 향이 그릇을 채운다.

황등의 한우 문화가 더해져 맛은 보다 직선적이고 힘이 있다. 전주의 단아함이 격식을 보여준다면, 황등은 장터의 온기와 불의 온도로 완성된다. 그리고 무주와 진안, 고창 같은 산지에 이르면 또 다른 결을 만난다. 제철 나물이 중심이 되는 산채비빔밥은 화려함 대신 자연의 색으로 채워진다. 봄의 두릅과 취나물, 가을의 버섯이 계절을 말해주고, 참기름과 간장 양념이 재료 본연의 맛을 살린다. 전북의 비빔밥은 이렇게 서로 다른 풍경을 담는다. 놋그릇과 돌솥, 고추장과 간장, 육회와 산채가 한 지역 안에서 공존한다는 사실이 곧 전북 미식의 깊이를 말해준다.

전주 성미당

익산 진미식당

# Jeonju on the Table

전주
맛으로 열다

천년의 시간이 빚어낸 맛, 그 맛을 이어온 사람들과 이야기가 오롯이 남아있는 전주. 비빔밥 한 그릇에 담긴 서른 가지의 정성과 콩나물 국밥에 스민 새벽의 온기, 막걸리 한 잔에 녹아 있는 정까지. 마음이 머무는 맛과 즐거움이 시작되는 전주의 미식 로드.

손님이 직접 차를 우려 마실 수 있도록
다기 세트를 제공하는 교동다원.

툇마루와 황토벽이 매력적인
교동다원의 외부 공간이
한 잔의 차와 잘 어우러진다.

오래된 한옥 건물을 그대로 살려
세월의 흔적이 멋스럽게 느껴지는
교동다원.

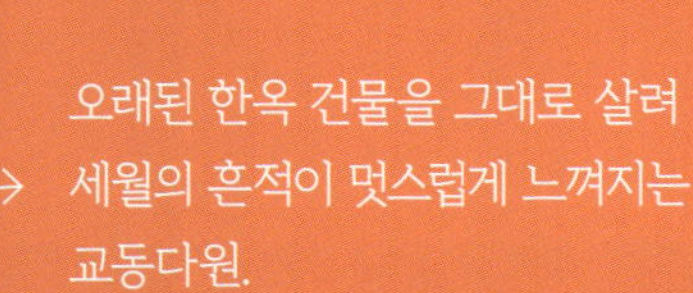

# 100년이 넘은 전통 한옥에서 즐기는 여유

## 교동다원

100년이 넘은 전통 한옥에 자리하고 있는 교동다원은 우리의 전통 차 문화를 지켜오며 백년가게로 선정된 전통찻집이다. 공간 자체도 역사성과 건축 유산의 가치를 지니고 있어 방문하는 데 큰 가치가 있으며 무엇보다 전주 한옥 마을 속에서 오랜 시간 동안 지역 문화를 대표하며 한 길을 걸어왔다는 점이 주목할 만하다. 교동다원은 한옥의 숨결을 닮은 다양한 차 메뉴를 판매하고 있으며 첫 모금부터 깊고 단정한 음료들을 선보이고 있다. 교동다원의 문을 열고 들어서는 순간 작은 마당과 고즈넉한 한옥 지붕의 곡선이 마음을 편안하게 해주는 매력도 가지고 있다. 특히 교동다원에서 직접 기른 찻잎으로 우려낸 황차는 부드럽고 구수한 향이 좋고 남양갱, 꿀 약과 등의 전통 다식도 차와 함께 즐기기 좋은 은은한 단맛으로 사랑받고 있다.

📍 전북특별자치도 전주시 완산구 은행로 65-5
☎ 063-282-7133
✖ 황차, 보이차, 밤양갱, 구름설기 등

# 조화로 완성된 전주의 한 상

## 성미당

전북특별자치도 전주시 완산구 전라감영5길 19-9
0507-1439-8800
육회비빔밥, 전주비빔밥, 삼계탕 등

전주 비빔밥의 기본기를 정직하게 보여주는 성미당은 자극보다 균형과 조화를 담아낸다. 나물 하나하나가 고유한 맛을 잃지 않고 제 맛을 간직하고 있으며 고추장은 밥과 재료를 자연스럽게 묶는다. 1965년 문을 열고 현재 4대째 이어오고 있는 전통 비빔밥 전문점으로 전북 천년명가와 백년가게로 선정되어 더욱 신뢰받고 있는 곳이다. 다른 비빔밥집과 밥을 고추장에 미리 비빈 뒤 그 위에 추가 재료를 얹고 놋그릇을 뜨겁게 데워서 나온다는 점이 가장 큰 특징이다. 비비는 과정에서 놋그릇의 열로 인해 밥이 더욱 고슬고슬해져 비비지 않고 그대로 두면 누룽지 맛도 즐길 수 있다. 전주 여행에서 제대로 된 비빔밥 한 그릇을 먹고 싶다면 이미 많은 이들이 비빔밥 맛집으로 인정한 성미당에서 후회 없는 한 끼를 즐겨보자. 성미당에서 먹는 비빔밥은 자극 없이 오래 기억되어 기분 좋은 추억으로 남을 것이다.

# 국밥 한그릇에 담긴 70년

## 삼백집

오래전 전주 남부시장 변두리에 작은 국밥집이 문을 열었다. 먹거리가 넉넉하지 않았던 시절, 콩나물과 맑은 육수는 서민들이 의지할 수 있는 가성비 좋은 한 끼가 되었다. 새벽마다 육수가 끓고 콩나물을 삶는 풍경은 전주의 아침을 알리는 신호와 같았다. 어느 덧 콩나물 국밥은 전주에서 꼭 맛봐야 할 음식 중 하나가 되었다. 문을 여는 순간 고소한 콩나물 향과 시원한 육수 냄새가 든든하게 아침을 채워주는 삼백집. 반숙 계란과 김가루, 고추 양념을 더해 전주식 해장 문화를 완성한 집이기도 하다. 작은 식당에서 시작된 삼백집은 전쟁과 산업화를 거치며 도시의 시간을 함께 견뎌왔다. 처음에는 300그릇을 팔면 문을 닫았다고 해서 붙여진 '삼백집'이란 이름이 세월이 흐르면서 정착하게 되었다. 삼백집은 오랜 단골들이 지켜온 전주의 대표적인 맛집이기도 하다.

전북특별자치도 전주시 완산구 전주객사2길 22

063-284-2227

콩나물국밥, 고추 군만두, 모주 등

Nomadic
Beer
Temple

# 골목에 피어난 브루어리

## 노매딕비어템플

맥주잔을 기울일 때마다 홉의 결과 효모의 숨결이 살아나는 양조장을 품은 노매딕비어템플. 전주의 맛을 빚어내는 특색 있는 브루어리를 경험하고 싶다면 노매딕비어템플을 추천한다. 입구를 지나면 스테인리스 양조 설비가 매장을 채우고 있고 갓 발효를 마친 맥주의 향이 은은히 퍼지는 곳. 1940년대에 지어진 건물을 활용해 천장의 나무 서까래와 바닥이 거의 그대로 남아있어 운치를 더하고 전통한옥과 브루어리의 만남으로 독특한 분위기를 완성했다. Balanced beer, balanced life라는 모토 아래 가능한 한 지역 재료를 사용하고 맥주와 음식의 밸런스를 중요하게 생각한다. 전주의 맛과 멋을 재해석한 맥주를 선보이며 단순한 펍이 아닌 전주를 대표하는 로컬 브루어리로 자리 잡고 있다.

한국의 정서와 미국의 크래프트 맥주 문화가 절묘하게 어우러져 독특한 분위기를 완성한 곳으로 비어템플이라는 이름답게 맥주를 대하는 진지함이 곳곳에 묻어난다. 맥주와 잘 어울리는 살라미 플레이트와 버팔로 윙이 유명하고 특히 기본으로 제공되는 버터 소금 팝콘도 맛있다. 이국적이고 활기찬 브루어리 본연의 모습을 갖추고 있어 전주 여행의 이색적인 추억을 만들 수 있는 곳이다.

📍 전북특별자치도 전주시 완산구 전라감영4길 13-16　　☎ 0507-1368-3924　　✗ 수제맥주, 버팔로 윙&프라이즈, 살라미 플레이트 등

1900년대 중후반에 지어진 한옥을 개조한 노매딕비어템플은 기존 한옥의 골조를
그대로 살리면서 내부만 서구식 펍으로 꾸몄다. 마주보고 있는 작은 양조장에서
시작된 이 공간은 이제 감각적인 펍과 함께 전주 웨리단길을 대표하는 명소가 되었다.

CRATE:
WT:
DIMS:
CB
cask
property of
BREWING SYSTEMS Inc.
Balanced Beer,
Balanced Life
NOMADIC
BREWING CO.

노매딕
비어템플
NOMADIC BEER TEMPLE

# CHOCO PIE

## 전주를 다녀왔다는 말 대신 건네는 달콤함

### PNB풍년제과

1950년대에 전주시 중앙동에 문을 연 작은 과자점은 오늘날 전국이 사랑하는 제과점이 되었다. 70년 역사를 가진 전주 대표 과자점 풍년제과는 직접 구운 전병을 자전거에 싣고 나르며 시작되었다. 시간이 흘러 수제 초코파이를 만들면서 풍년제과의 명성이 전국으로 퍼지기 시작했고 품질 좋은 엄선된 재료를 사용한 기분 좋은 달콤함으로 입소문을 타며 여행객들의 필수 쇼핑리스트가 되었다. 국내 최초로 땅콩 센베를 만든 곳으로 초코파이는 물론 구운 과자류도 훌륭한 맛을 보장한다. 2021년에는 백년가게로 선정되어 전주 최고의 제과점이라는 명성을 이어가고 있다. 관광 기념품이 되기 전부터 지역민들의 사랑을 받아왔고 유행에 휩쓸리지 않는 안정감 있는 디저트 메뉴로 꾸준히 인기가 많다. 최근에는 다양한 맛의 파이류를 선보이며 까다로운 고객들의 입맛까지 사로잡았다. 전주를 다녀왔다는 말 대신 꺼내 놓게 되는 달콤함이다.

📍 전북특별자치도 전주시 완산구 팔달로 180　　📞 063-285-6666　　✖️ PNB오리지널초코파이, 콘붓세, 땅콩센베 등

# 전주에서 만나는
# 정공법 돈가츠

## 돈카츠흑심

돈가츠를 대하는 태도가 얼마나 진심인지 단박에 알수 있는 집. 바삭한 튀김옷 안에 고기의 결이 또렷하게 살아 있다. 두툼하지만 느끼하지 않고, 씹을수록 육즙이 기분 좋게 퍼진다. 기교보다 기본에 충실한 조리 방식이 인상적인 곳으로 소스에 의존하지 않아도 묵직한 맛의 밀도가 흑심을 찾게 되는 이유. 튀겼을 때 최적의 맛을 담을 수 있도록 고기는 까다로운 숙성 과정을 거쳐 상에 오른다. 일식 돈가츠의 정공법을 전주식으로 풀어내 큰 호응을 얻고 있다.

📍 전북특별자치도 전주시 완산구 전라감영2길 27-1 1층
☎ 0507-1312-4951
✖ 히레카츠정식, 에비카츠, 모듬카츠정식, 가츠산도 등

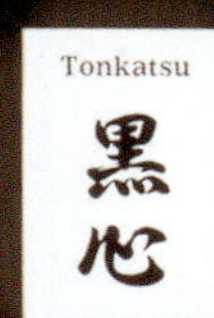

# 관광지 너머, 진짜 전주 밥상

## 고향집

한옥마을에서는 조금 떨어져 있지만 골목 안쪽에서 오래도록 밥 냄새를 지켜온 로컬 맛집. 관광지의 화려함보다 생활의 온기를 닮은 공간과 따뜻하게 맞이해주는 사장님의 친절함에 기분 좋은 식사를 즐길 수 있는 곳이다. 과하지 않은 간과 푸짐한 상차림으로 집에서 먹던 밥처럼 편안한 맛이 이 집의 매력이다. 묵은지와 나물, 장맛이 살아 있는 국물 요리와 전라도 가정식 밥상의 기본을 충실히 보여주는 상차림이 만족스럽다. 전주를 처음 찾은 이들에게는 지역의 일상을, 다시 찾은 이들에게는 기억 속 고향의 맛을 떠올리게 하는 곳. 전주 고향집은 이름 그대로 전주라는 고향을 한 상에 담아낸다.

📍 전북특별자치도 전주시 완산구 충경로 66-6

☎ 063-232-2300

✖ 오리백숙, 돼지불고기, 오징어볶음 등

럼, 포스터 하호하호
식회사 더레드/모이장 공연활성화사업 선정작
THE LED

3학년 2학기
2025.09.03

우리 다, 행복했으면 좋겠어
평하고 햇빛 난 것처럼
구겨진 것 하나 없이

나의 해방일지

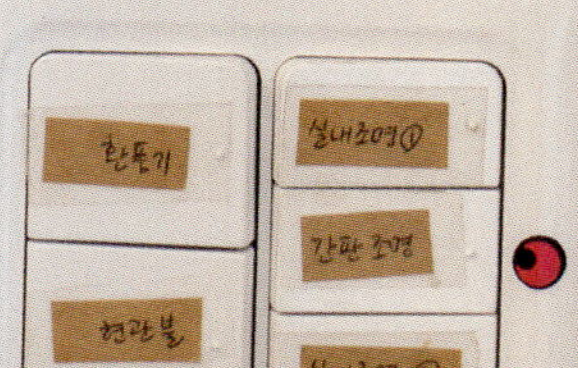
환풍기
실내조명①
간판 조명
천란등
실버조명②

2025.5. 전주
국제영화제
잘 익은 언어들
2025.여름
2025. 봄?
♥ print. 카르페디엠 up

바람이
전하는 말
2025.11

# 생각의 온도를 낮추는 책방

## 잘 익은 언어들

베스트셀러보다 오래 곁에 두고 간직하고 싶은 문장들을
찾아보게 되는 곳. 전주 여행 중 잠시 멈춰 천천히 시간을
보내기 좋은 로컬의 골목 서점이다. 에세이와 시, 소설들
이 중심을 이루고 있으며 읽는다는 사적인 행위가 얼마나
소중하고 설레는 일인지 다시 한번 생각하게 만들어주는
곳이다. 서두르지 않아도 괜찮다는 무언의 인사가 공기
처럼 흐르고 혼자 방문해도 전혀 어색하지 않다. 책과 관
련한 다양한 문화 프로그램들과 저자와의 만남이 이루어
지는 문화공간이기도 한 이곳에서 간직하고 싶은 나만의
언어들을 찾아보는 것은 어떨까.

📍 전북특별자치도 전주시 덕진구 거북바우로 68-1 1층
☎ 0507-1342-6959
📷 well_books

압도적 상차림에 담긴 정성
옛촌 막걸리
옛촌 막걸리
YETCHON MAKGEOLLI
국내산 쌀로 빚은 생 탁주

전주는 오래전부터 전국 최고의 막걸리 생산지로 각광을 받았던 지역이다. 삼천동 중심으로 1990년대를 전후로 막걸리가 전통 국민주로 주목받으면서 본격적인 막걸리 골목이 형성되었다. 1990년대 후반 IMF로 많은 사람이 힘들 때도 막걸리는 서민들의 애환을 달래며 곁을 지켰다. 지갑 사정이 두둑하지 않다보니 자연스럽게 가격이 싸고 안주가 푸짐한 막걸리집으로 발걸음이 향했고 여러 사람들이 한 집을 찾다보니 주변에 자연스럽게 막걸리 집이 생겨나 지금의 골목을 형성하게 되었다.

음식의 고장인 전주에서 막걸리는 '전주 막걸리'라는 하나의 상징성을 가지고 많은 이들이 찾는 음식 문화로 정착했다. 해외에서도 여행 코스로 찾을 정도로 국내외 매스컴에 여러 번 소개되며 전주를 대표하는 문화 공간으로 자리매김하고 있다. 여러 곳에 형성되어 있는 막걸리 골목 중 서신동 막걸리 골목을 대표하는 옛촌막걸리는 수많은 이들이 사랑하는 막걸리 전문점이다.  국내산 김치와 돼지고기를 비법 양념을 더해 맛깔스럽게 익혀낸 김치찜은 특허를 받으며 명품 김치찜이라는 명예를 안았다. 16가지를 넘나드는 안주가 펼쳐지는 작은 잔칫상과 같다. 그렇기에 전주에서만 경험할 수 있는 막걸리 문화의 정수를 즐기고 싶을 때 방문하기 좋은 곳으로 현지인과 관광객들이 한데 어우러져 즐거운 시간을 보내며 내뿜는 기분 좋은 에너지가 느껴진다.  또한 옛촌막걸리 본점에서는 옛촌양조장을 운영하여 천연막걸리를 빚어 관광객 선물상품으로 큰 인기를 얻고 있다. 전주 막걸리 골목은 단순한 술집 골목이 아닌 사람과 사람 사이의 이야기와 따스함이 묻어나는 공간으로 푸짐한 인심과 전주의 정을 그대로 느낄 수 있는 특별한 시간을 선물한다.

전북특별자치도 전주시 완산구 서신천변로 11    063-272-9992    김치찜, 철판보리굴비, 홍어삼합 등

# 1938년에 문을 연 시계방의 재해석

## 금성당

전주 객리단길에는 오랜 시간 골목을 지켜온 시계방들이 지금도 남아있다. 이전에는 훨씬 많은 수의 매장이 문을 열었지만 현재는 몇몇 집이 남아 그 역사를 간직하고 있다. 바로 이 골목 안에 100여 년을 한자리에서 지켜온 전주 최초의 시계방인 금성당이 있다. 금성당의 시간을 오롯이 담아 현대적으로 조성한 복합문화공간이 탄생했다. 카페와 편집숍, 프라이빗한 서점까지 갖추고 있어 다채롭고 유익한 시간을 보낼 수 있다. 무엇보다 금성당을 상징하는 입구의 초대형 시계는 시간과 기록을 중심으로 아날로그 감성을 보여주는 포토존이기도 하다.

대화보다는 사색이 잘 어울리는 금성문고와 전주라는 도시가 품고 있는 시간을 고스란히 간직하고 있는 금성당. 거꾸로 흐르는 시간 속에서 분주한 일상을 벗어나 커다란 쉼표와 조우할 수 있다.

📍 전북특별자치도 전주시 완산구 전라감영4길 13-7 1층　　☎ 0507-1390-8559　　✖ 아인슈페너, 금성당 티라미수 등

# 각각의 맛이 살아나는 마법 같은 미식

## 한국집

모든 재료가 섞이는 순간, 각각의 맛이 살아나 새로운 맛을 완성하는 마법. 비빔밥은 단순한 미식을 넘어 전주가 완성한 하나의 미식 작품과 같다. 조선시대 궁중 연회 때 여러 찬을 한 그릇에 모아 비벼 먹던 음식에서 시작된 비빔밥은 전라감영이 있던 행정 중심지인 전주와 맞닿아 있는 음식이다. 비빔밥 전문점인 한국집은 1950년대에 문을 열었다. 정성스레 다듬은 나물과 윤기 나는 밥에는 오랜 손맛과 지역의 제철 농산물이 풍성하게 들어있는 비빔밥이 대표 메뉴다. 상차림 또한 전통 그대로의 간결함과 깊이를 담고 있어 한옥 건축의 선과 잘 어울린다. 달걀지단과 고기볶음을 얹어 한국집만의 고추장을 더해 누구나 좋아하는 비빔밥을 선보이고 있다.

📍 전북특별자치도 전주시 완산구 어진길 119　☎ 0507-1317-2286　🍴 육회비빔밥, 전주비빔밥, 육전 등

전주 남부시장 내에 위치한 청년몰은 한국 청년 창업의 상징적인 공간이다.
개성 있는 핸드메이드 액세서리와 독립 서적, 전주를 테마로 만든 굿즈 등
희귀한 아이템을 만나는 재미가 있다.

# 가맥의 전설

## 초원편의점

전북특별자치도 전주시 완산구 풍남문3길 32-1
063-287-1763
황태, 명태, 계란말이 등

전주 한옥마을의 화려한 야경 뒤편, 운치 있는 좁은 골목으로 들어서면 낡은 간판 하나가 눈에 들어온다. 화려한 네온사인 하나 없지만 저녁마다 사람들로 북적이는 곳. 전주 가게 맥주의 문화를 상징하는 살아있는 박물관, 초원편의점이다.

전주에만 있는 독특한 문화인 '가맥'은 1970년대 동네 구멍가게에서 저렴한 맥주와 간단한 안주를 팔던 것에서 시작되었다. 아는 사람만 가게 안쪽에서 간단히 맥주를 즐기는 곳이었지만 지금은 가맥을 전문으로 하는 곳으로 자리잡았다. 특히 초원편의점은 가맥의 원형을 가장 정직하게 보존하고 있는 공간으로 문을 열고 들어서면 투박한 난로와 쌓여 있는 황태와 명태가 가장 먼저 시선을 사로잡는다. 황태 굽는 냄새가 구수하게 퍼지는 실내는 투박하지만 편안한 느낌을 전하며 누구나 부담 없이 머물 수 있는 분위기다. 사장님의 숙련된 손놀림으로 연탄불 위에서 노릇하게

구운 황태는 마치 솜사탕처럼 부드러운 식감을 자랑한다. 굽기 전에 하나하나 망치로 손질해 몸통을 부드럽게 만드는 것이 포인트. 너무 세게 두드리면 가루가 되어 버리고 덜 두드리면 질겨지기 때문에 굽기 전 망치질이 무척 중요하다. 구워진 황태는 청양고추를 듬뿍 넣은 비법 소스에 찍어 먹으면 겉바속촉 황태의 황홀한 맛에 감탄사를 내뱉게 된다. 초원편의점에서라면 황태가 흔한 마른 안주 중 하나가 아닌 요리 수준의 훌륭한 안주임을 인정하게 된다.

다양한 세대가 격식 없이 어우러져 시원한 맥주와 함께 서로의 목소리에 귀 기울이는 밤. 빠르게 변하는 세상 속에서 묵묵히 연탄불을 지키며 사람들에게 편안한 쉼터가 되어준 초원편의점. 50년이라는 오랜 시간동안 우직하게 자리를 지켜오며 늦은 밤까지 사람들의 지친 어깨를 다독인 따스한 위로가 있는 공간이다.

# Iksan
# on the
# Table

작지만 보석처럼 빛나는 도시
익산

찬란한 백제의 역사와 문화가 살아 숨 쉬는 익산은 전통과 현대가 어우러진 도시다. 비옥한 평야에서 나는 풍성한 식재료와 지역 고유의 손맛이 더해져, 오랜 시간 이어온 음식문화 속에서 익산만의 깊은 풍미를 전한다.

WINE
BISTRO

# 신흥강자로 인정받는 와인 비스트로

## 이탈 ITAL

익산에 유독 백년가게와 대물림 맛집이 많지만, 그렇다고 노포만 있는 것은 아니다. 영등동 시내에 자리한 와인 비스트로 이탈(ITAL)은 모던한 인테리어와 이탈리아 본토의 맛을 즐길 수 있는 요리로 수년째 블루리본과 레드리본에 선정되며 입소문을 타고 있는 신흥강자 와인 비스트로다. 남진우 셰프는 이탈리아 파르마 지역에서 요리학교를 졸업한 후 서울 유명 셰프들의 업장에서 실력을 갈고 닦은 후 고향인 익산에 터를 잡았다.

오픈키친 형태여서 셰프가 요리하는 모습을 직관할 수 있는 것도 이탈의 매력이다. 화덕피자를 주문하면 반죽부터 화덕에 들어가는 요리 과정을 볼 수 있는데 메뉴마다 허투루하는 법이 없는 모습에서 젊은 셰프의 철학이 느껴진다. 화덕에서 구워낸 피자의 쫄깃함과 이탈리아 트러플을 곁들인 그라나파다노 치즈 베이스의 딸리아뗄레 파스타를 와인과 함께 즐겨보는 것을 권한다.

📍 전북특별자치도 익산시 무왕로17길 44-4
☎ 0507-1386-1744
🍴 마르게리따, 풍기 피자, 트러플 파스타 등

이탈리안 베이스에 창의적인 터치가 가미된
요리를 선보이는 이탈.

스테이크, 뇨끼, 파스타류 가 주력이며
와인 안주로 곁들이기 좋은
플래터 구성도 훌륭하다.

# 익산의 디저트 스테디셀러

## 익산농협 생크림찹쌀떡

전북특별자치도 익산농협 전지역
063-858-8656
생크림, 흑임자, 초코, 딸기, 쑥대밭(쑥+팥) 등

익산농협 생크림찹쌀떡은 전통 떡의 쫀득함과 부드러운 생크림의 조합으로 전국적으로 인기를 얻고 있는 지역 명물 디저트다. 찹쌀떡 본연의 쫄깃한 식감 위에 풍부한 생크림을 듬뿍 넣어 만든 제품으로, 들뜬 단맛이 아닌 균형 잡힌 달콤함과 쫀득함이 특징이다. 생크림의 크리미한 풍미가 찹쌀떡과 어우러지며 입안에서 부드럽게 녹는 감각은 한 번 맛보면 잊기 어려운 식감이다. 기본 생크림 맛을 비롯해 흑임자, 초코, 딸기, 고구마, 녹차 등 다양한 맛으로 구성되어 있어 취향에 따라 선택할 수 있고, 선물용으로도 인기가 높다. 냉동 상태로 전국 택배 배송이 가능해 어디서나 손쉽게 즐길 수 있다.

# 한 그릇에 담긴 50번의 손길
## 진미식당

익산 황등면에 자리한 진미식당은 1931년을 시작으로 3대에 걸쳐 이어져 온 황등육회 비빈밥 전문점이다. 화려한 외관이나 요란한 수식어 대신, 한 그릇의 밥에 모든 정성을 담아온 집으로 지역에서는 오래전부터 잘 알려진 노포다. 진미식당의 대표 메뉴는 토렴육회비빈밥이다. 이 집의 비빈밥은 일반적인 비빔밥과 조리 방식부터 다르다. 갓 지은 밥을 사골육수로 여러 차례 토렴해 밥알 하나하나에 국물의 온기와 맛을 입힌 뒤, 직접 만든 고추장과 여러 가지 양념을 더해, 한 그릇씩 따로 비벼낸다.

이 한 그릇의 비빈밥은 완성까지 약 10단계의 과정과 50번에 가까운 손길을 거쳐야 한다. 주문이 밀리는 시간대에는 대기 시간이 길어질 수밖에 없는 이유다. 진미식당 역시 이러한 점에 대해 늘 미안한 마음을 전하지만, 빠르게 내기보다는 할머니와 어머니의 방식 그대로, 한 그릇씩 비벼내는 전통을 지키는 것을 선택해 왔다.

토렴을 거친 밥은 뜨겁지만 질지 않고, 끝까지 고슬고슬한 식감을 유지한다. 여기에 얹히는 육회와 양념은 과하지 않게 어우러지며, 자극적인 맛보다 담백하고 깊은 맛을 남긴다. 그래서 진미식당의 토렴육회비빈밥은 처음 한 숟갈보다, 마지막 숟갈이 더 편안하게 느껴진다.

📍 전북특별자치도 익산시 황등면 황등로 158   ☎ 063-856-4471   ❎ 황등한우육회비빔밥, 갈비전골, 한우육회 등

# 수제 번으로 만드는 버거맛집
## 더골목

익산 신동 원광대 인근 골목에 자리한 수제버거 맛집 더골목은 동네 정취를 담은 아늑한 분위기 속에서 수제 버거와 사이드 메뉴를 즐길 수 있는 로컬맛집이다. 내부는 앤티크하면서도 편안한 분위기로 꾸며져 있어 데이트 장소로도 좋고, 맛있는 한끼를 혼밥으로 즐기기에도 부담이 없다. 더골목의 수제버거는 클래식 버거부터 BLT, 치즈버거, 라구버거, 아보카도버거, 씨푸드버거까지 다양한 라인업으로 구성돼 있다. 특히 베이컨, 상추, 토마토 조합의 BLT버거가 대표 메뉴로 적당히 두툼한 소고기 패티와 신선한 야채, 달콤하면서 감칠맛 있는 소스가 조화를 이루며 수제버거 본연의 매력을 전한다. 주택을 개조한 편안한 분위기의 더골목은 곳곳에 배치된 식물과 나무 소재 가구들이 있어 브런치를 즐기기에도 좋다.

전북특별자치도 익산시 인북로62길 41     0507-1304-5904     BLT버거, 라구버거, 어니언 프렌치프라이 등

# 유럽 감성 속 사이폰 커피 한 잔

## 꼬뜨도르

익산 신동에 자리한 감성 카페 꼬뜨도르는 낯익은 도시 속에서 마주하는 작고 따뜻한 휴식 공간으로 사랑받는다. 카페 외관부터 중세 유럽풍 감성을 연상시키는 인테리어와 앤티크 소품이 곳곳에 배치돼 있어, 들어서는 순간 마치 외국 작은 카페에 온 듯한 분위기를 느낄 수 있다. 주인장이 여행 중에 직접 수집한 소품 하나하나가 포토존으로도 인기가 높아 익산 데이트 스팟이나 감성 여행 코스로도 추천된다.

꼬뜨도르의 대표 메뉴는 사이폰 커피. 사이폰 커피는 두 개의 챔버와 진공의 원리를 이용해 증기압으로 물을 끌어올려 다시 내려오게 하는 방식으로 추출한다. 이 과정을 통해 커피의 향과 맛이 깔끔하고 부드럽게 살아나며, 일반적인 드립이나 에스프레소와는 다른 클린한 바디감과 풍부한 아로마를 즐길 수 있다. 시각적으로도 실험실처럼 보이는 추출 과정이 연출돼 눈으로 보는 재미까지 더해진다.

📍 전북특별자치도 익산시 인북로 466   📞 0507-1439-7505   🍴 사이폰 커피, 썸머라떼, 나폴레옹 마카롱 등

사이폰 커피는 19세기 유럽에서 탄생한
추출 방식이다. 1830년대 독일과
오스트리아를 중심으로 진공 원리를
이용한 커피 기구가 등장했고,
이후 프랑스에서 유리 용기를 활용한
형태로 발전하며 '사이폰(siphon)'이라는
이름이 붙었다.

사이폰 커피는 장인의 손기술과 의식적인 추출 과정을 중시하는 방식으로
자리 잡았고, 지금까지도 '보는 즐거움이 있는 커피'로 사랑받고 있다.
불 위에서 물이 올라가고, 다시 내려오며 완성되는 과정은 커피 한 잔을
단순한 음료가 아닌 하나의 경험으로 만든다. 일정한 온도와 시간 속에서
추출된 사이폰 커피는 잡미가 적고 향이 또렷한 것이 특징이며,
느리게 음미하는 커피 문화의 상징으로 남아 있다.

# 전통 장과 자연이
# 어우러진 힐링 공간

고스락

고스락은 단순한 카페나 식당을 넘어 전통 발효문화와 자연 체험을 동시에 즐길 수 있는 복합 공간이다. 2021년 열린관광지로 선정될 만큼 넓은 부지와 다양한 체험 요소를 갖추고 있는 이곳은, 전통 장(醬)을 발효·숙성하는 장독대 정원, 산책로와 전망대, 그리고 카페와 판매장이 함께 어우러진 관광 명소로도 잘 알려져 있다. 고스락은 순우리말로 '으뜸'·'최고'를 의미하며, 약 2만 5천여 평의 청정 소나무 숲 속에 3,500여 개 이상의 전통 항아리가 옹기종기 모여 있다. 이 항아리들은 국내산 유기농 원료로 만든 전통장을 발효·숙성하는 공간으로, 계절과 시간에 따라 자연이 숙성시키는 과정을 눈으로 직접 볼 수 있어 단순 관람 이상의 몰입감을 준다.

📍 전북특별자치도 익산시 함열읍 익산대로 1424-14

📞 0507-1367-2288

✖ 아메리카노, 생강차, 오미자차 등

# 전통의 황등비빔밥 강자 대물림 맛집
## 한일식당

익산의 한일식당은 전북을 넘어선 전국구 맛집으로 유명하다. 이미 많은 미디어와 SNS를 통해 전국의 미식가들에게 널리 알려졌지만, 직접 가서 맛을 보면 그 명성이 결코 과장된 것이 아님을 알 수 있다. 전국 3대 비빔밥 맛집으로 불릴 만큼 한일식당의 시그니쳐 메뉴는 단연 황등한우육회비빔밥이다.

고슬고슬하게 지은 밥에 콩나물과 매실원액이 가미된 비법 양념장을 넣고 큰 함지박에서 주걱으로 미리 비벼낸 밥에 제철나물과 싱싱한 한우육회, 직접 짜온 참기름을 길다랗게 부친 달걀 지단 고명과 함께 얹어 낸다. 육회비빔밥을 만드는 과정이 특이하다. 익산의 한우비빔밥은 다른 지역과 달리 비빔밥을 만들 때 스테인리스 대접을 불 위에 올려놓고 달군다. 돌솥이 아니니 아주 뜨겁게 달구지는 않고 따뜻할 정도로 살짝 달궈서 따뜻한 비빔밥을 먹을 수 있도록 한다.

일반적으로 먹는 사람이 비비는 보통의 비빔밥과 달리 밥도 미리 비벼져서 나온다. 주방에서 밥을 비빌 때도 큰 솥을 불 위에 올려놓고 비빈다. 고추장 대신 약간의 양념과 고춧가루를 넣는 것도 이채롭다. 고춧가루를 사용하는 탓에 밥이 눅눅해지지 않고 고슬고슬하면서도 맵거나 짜지 않은 담백한 맛을 낸다. 보통 비빔밥에 된장국이나 콩나물국이 곁들여지는데 익산에서는 맑은 선짓국이 함께 나오는데, 비빔밥과의 조화가 기가 막히다. 한일식당은 수식어도 참 많다. 1979년 개업하여 할머니의 손맛을 3대 사장님이 잇고 있고, 4대 아들도 준비 중인 대물림 맛집이며 중소벤처기업부가 선정한 백년가게 지정 업소이다.

📍 전북특별자치도 익산시 황등면 황등로 106　📞 063-856-4471　✖ 황등한우육회비빔밥, 갈비전골, 한우육회 등

# IMSIL
# on the
# Table

**섬진강이 키우고 사람이 완성한 식탁**

**임실**

섬진강과 청정 들녘을 품은 임실. 자연이 키운 재료에 정성을 더해 완성한 치즈와 로컬푸드가 만나 깊은 맛을 완성했다. 아름다운 풍경이 식탁이 되는 곳, 임실에서의 미식 여행지를 담았다.

80년의 시간을
고스란히 간직하고 있는
백양국수 공장의 밀대

햇살 좋은 날이면
국수를 말리는 풍경에서
정성과 진심이 느껴진다.

# 80년을 지켜온 국수 공장

**백양국수**

1947년에 문을 연 임실의 백양국수공장. 국수를 만드는 대부분의 과정을 손으로 직접 하고 건조과정도 햇볕에 의존하기 때문에 말 그대로 수제 국수 그 자체다. 어르신이 운영하시기에 오래된 전통 방식의 국수 기계를 다루는 일은 고되고 더딘 일이지만 낡은 국수 기계는 오늘도 멈추지 않고 부지런히 움직인다.

국수를 뽑은 후에도 옥상에 올라가 다섯 번 이상 옮겨가며 따스한 볕에 말끔히 물기를 건조시키는 과정을 거쳐야 백양국수라는 이름을 붙일 수 있다. 그래서 백양국수는 '건조국수'라고 불리기도 한다. 바람과 햇살을 가득 머금은 백양국수는 쫄깃하고 육수가 깊이 배어들어 시판용 일반 국수와는 다른 손맛이 느껴진다. "국수를 파는 것에는 통 재주가 없으니 어쩔 수 없이 맛있는 국수를 만드는 데 힘을 쏟았지. 남한테 아쉬운 소리 못하는 성격이라 맛있는 국수를 만들어 사람들이 사러 오게 만들 수밖에 없었어."

반죽을 여덟 번이나 다시 넣고 응달인 실내와 양달인 실외를 며칠씩 오가며 말리는 것. 이렇게 수고스러운 반복이 있어야만 끓였을 때 국수가 힘없이 풀어지지 않고 쫄깃하면서도 고유한 풍미의 면발이 완성된다. 많이 쓰이는 소면이 아닌 약간 굵은 중면의 매력을 좋아하는 이들이 공장을 찾아와 직접 구매해 간다. 소규모 전통 제조 방식이라 재고량이 많지 않거나 공장 문을 여는 시간이 일정하지 않을 수 있어 방문 전 확인이 필요한 점은 있지만 이제는 어디에서도 쉽게 볼 수 없는 풍경이 진한 여운을 남기는 곳이다.

전북특별자치도 임실군 임실읍 봉황11길 46-2　063-642-2339

# 풍차가 있는 옛 치즈 공장
## 디디에

최초라는 이름의 자부심을 최고의 품질로 이어가고 있는 임실치즈. 벨기에에서 온 지정환 신부가 농민들과 치즈를 생산하기까지의 과정이 한 편의 그림동화처럼 그려져 있는 임실읍에 위치한 성가리 벽화마을. 벽화를 보며 골목길을 산책하다 보면 자연스레 마주하는 옛 치즈 공장. 지금은 임실산양협동조합으로 쓰이며 치즈를 활용한 디저트를 맛볼 수 있는 감각적인 공간으로 변신했다.

디디에 카페 입구에는 유럽의 작은 마을을 떠올리게 만드는 예쁜 풍차가 돌아가고 있어 멀리서도 눈에 띈다. 디디에 카페 이름은 지정환 신부의 벨기에 이름인 디디에 세스테르(Didier Sestert)에서 따왔다. 카페 뒷문을 열고 나가면 치즈를 생산하기 위해 돌산을 뚫어 만든 동굴 저장고가 있고 지정환 신부가 머물렀던 소박한 생활 공간이 2층에 남아있다. 지정환 신부와 마을 사람들의 열정이 고스란히 느껴지는 이곳은 풍부한 맛과 감성이 느껴지는 대한민국 최초의 치즈너리 여행지다.

📍 전북특별자치도 임실군 임실읍 봉황1길 15
☎ 0507-1365-5964
✖ 체다치즈 화이트 밀크, 까망베르 초콜릿 밀크, 모짜렐라 치즈 케이크 등

# 동화 속 치즈나라

## 임실치즈테마파크

임실치즈테마파크는 임실치즈를 테마로 조성한 체험형 관광지다. 지정환 신부가 산양 2마리를 키우며 시작된 임실치즈의 역사는 오늘날 임실을 한국 치즈 산업의 중심지로 성장시켰다. 축구장 19개 넓이의 드넓은 초원 위에 조성된 임실치즈테마파크는 임실치즈의 진수를 보여주는 다양한 체험 프로그램을 운영하고 있으며 초입에 위치한 치즈 판매장에서는 다양한 임실 치즈를 구매할 수 있다. 테마파크 안에 있는 식당에서는 치즈 요리를 판매하고 있으며 유럽풍의 아름다운 건물과 이국적인 꽃밭이 있어 많은 이들이 찾는 관광지이기도 하다.

100여 종 2만 4,000여 주의 장미가 피어나는 장미원과 치즈 모양을 형상화한 17미터 높이의 치즈 모양 전망대, 임실치즈 역사를 한눈에 볼 수 있는 임실N치즈역사문화관은 다양한 볼거리와 즐거움을 전하며 국민 관광지로 사랑받고 있다.

전북특별자치도 임실군 성수면 도인2길 50    063-643-2300    모짜렐라 생치즈, 포션치즈, 할루미, 스트링치즈 등

# 섬진강이 건넨 보양식
## 섬진강다슬기마을

섬진강 물줄기가 가장 가까이 스며드는 자리, 다슬기로 계절을 끓여내는 섬진강다슬기마을. 맑은 강에서 하나하나 손으로 잡은 다슬기는 깊은 맛의 원천이 된다. 다슬기를 통째로 갈아 우려내기 때문에 자극 없이 깊고 편안한 맛이 특징이며 수제비, 칼국수, 탕은 물론 고소한 맛으로 사랑받는 다슬기전까지 다양한 요리를 코스로 맛볼 수 있다.

'민물의 웅담'이라 불리는 다슬기는 예부터 해장과 보양의 음식으로 사랑받아왔다. 간 해독을 돕는 성분이 풍부해 해장 메뉴로도 인기가 많고 맛이 순하고 영양 흡수가 좋아 누구나 부담 없이 먹기 좋다. 식당을 둘러싼 풍경에는 섬진강이 유유히 흐르고 화려하지 않지만 한 그릇에 자연과 정성이 고스란히 담겨 있다. 간을 쉬게 하고 몸을 맑게 하는 다슬기 요리는 섬진강이 건넨 자연 보양식이다.

📍 전북특별자치도 임실군 강진면 강운로 145
☎ 063-642-8558
✖ 다슬기탕, 다슬기 손수제비, 다슬기 백숙 등

# 시장 구경 후 뜨끈한 국수 한 그릇

## 행운집

대한민국 최초로 건설된 첫 다목적댐인 섬진강댐이 건설되면서 강진면에도 1965년, 강진시장이라는 이름의 전통 시장이 문을 열었다. 1980년대 말까지 우시장을 비롯해 수많은 점포가 문을 열었으나, 현재는 국수집과 생활용품, 채소 판매점 등을 판매하는 아담한 전통 시장으로 남았다. 하지만 임실에서 생산된 전통 방식의 백양국수를 이용해 오랜 시간 사랑받고 있는 국수집이 있어 여전히 단골 손님들의 발걸음이 꾸준히 이어지고 있다. 시장 입구에 있는 행운집 앞에는 언제나 커다란 솥을 가득 채운 육수가 손님 맞을 준비를 하고 있어 시골 할머니의 손맛과 넉넉한 인심이 기대감을 높인다. 5천 원이라는 저렴한 가격에 물국수를 주문하면 돼지머리 수육을 덤으로 준다. 김치수제비, 비빔국수, 팥칼국수 등 든든한 한 끼로 충분한 한 그릇 메뉴들이 주를 이루고 있으며 백양국수공장의 면발이 궁금한 이들이라면 필수로 방문해야 하는 집이다. 여기서 국수 맛을 본 이들이라면 근처에 있는 백양국수공장은 지나칠 수 없다. 가성비 맛집은 물론 기대 이상의 맛과 양에 감탄하게 되는 행운집은 임실 강진면을 대표하는 노포 맛집이다. 서민적이고 조용한 시골식당이지만 강진 오일장이 서는 날이면 가장 인기가 많은 곳이다. 강진 오일장은 2일과 7일에 열린다.

📍 전북특별자치도 임실군 강진면 호국로 14-12   ❌ 물국수, 비빔국수, 팥칼국수, 김치수제비 등

# Namwon on the Table

사랑과 풍류가 깃든 미식의 고장
남원

춘향의 사랑 이야기와 국악의 선율이 흐르는 예향의 도시 남원. 지리산 자락의 청정 자연에서 길러낸 식재료는 넉넉한 손맛과 만나 정겨운 한상으로 차려진다. 전통과 감성이 어우러진 음식 속에서 남원만의 따뜻한 미식의 풍류가 피어난다.

# 고즈넉함만이 전부가 아니다

## 산들다헌

전북특별자치도 남원시 향단로 21
063-632-3251
대추팥빙수, 대추야자스무디, 티라미수,
말차티라미수 등

남원은 고전 소설 '춘향전'의 배경이자 지리산의 정기를 품은 곳이다. 유서 깊은 문화유산과 자연이 어우러져 과거와 현재가 공존하는 매력을 지닌다. 그래서인지 오랜 역사와 함께 다채로운 이야기를 품고 있어 깊은 인상을 남기는 명소들이 많다.

그 중 광한루 인근에 위치한 전통찻집 산들다헌은 외관에서부터 오래된 한옥의 정취가 물씬 풍긴다. 한옥을 개조해 만들어 서까래나 기둥까지 매력적인 공간이 여행자로서의 기분을 고무시키는 것도 사실이지만, 산들다헌의 매력은 고즈넉함만이 아니다.

산들다헌의 가장 의외인 점은 15년 넘게 이곳을 운영한 실질적인 사장님은 주방에서 열심히 티라미수를 만들고 있는 젊은 청년이고, 인상 좋은 미소로 카운터를 지키는 아버지가 알바생이라는 점이다.

산들다헌의 '창업주'는 20대 초반부터 쭉 맛있는 커피에 대한 열망으로 한 자리를 지켜왔고 이미 전국에서 그의 진가를 알아본 미식가들의 발걸음이 끊이질 않고 있다. 교편을 잡다가 정년퇴직한 후 아들의 가게에서 아르바이트 중이라는 그의 아버지가 직접 붓펜으로 써내려간 메뉴판이나 간단한 안내문조차 여타 다른 찻집들과 다르게 느껴진다. 산들다헌이 내놓는 메뉴는 모두 슬로푸드다. 하나하나 손이 가지 않는 것이 없다. 그래서인지 산들다헌에 방문했다면, 시그니처 메뉴인 대추팥빙수와 대추야자스무디는 꼭 한 번쯤 먹어보라고 권하고 싶다. 다른 가게에서 보통 팥빙수는 여름 한정 시즌 메뉴이지만, 산들다헌에서는 사계절 만날 수 있는 상시 메뉴다. 대추칩과 현미 크런치가 만들어 내는 바삭과 식감과 더불어 한 입 먹어보면 느껴지는 깊은 맛에서 주인장의 열정과 고민이 고스란히 전해진다. 참고로 커피맛도 기가 막힌다.

고풍스러운 인테리어는 주인의 손길이 닿은 작은 소품들로 꾸며져 구경하는 재미를 더하며, 안락한 좌식 공간과 외부 입식 테이블이 두루 갖추어져 있어 편안하게 머무르기 좋다.

# 지리산 흑돼지로 만든 K-하몽
## 더찹샵

지리산 자락 운봉면 동편제 마을에 위치한 더찹샵은 국내에서 좀처럼 접하기 힘든 흑돼지 전문 샤퀴테리아다. 역사도 오래됐다. 설립자 육종전문가 박화춘 농학박사가 약 20년 전 고향 남원으로 귀향한 이래 줄곧 흑돼지 버크셔-K를 개량, 육성했다. 현재 더찹샵과 농장은 2대째 운영 중이다. 국내에선 유일하게 해발 500m 고원에서 흑돼지를 키우는 농장에서부터 발효 가공까지 하는 샤퀴테리아로 동생 박정원이 농장을 맡고 형인 박자연 대표가 가공을 책임진다. 더찹샵에선 직접 만든 제품을 구입하고 소시지 및 살라미 제조 체험 등을 할 수 있다. 넓적다리 하몽을 비롯해 생햄 잠봉, 살라미, 초리조, 소시송 등 부위 별로 다양한 샤퀴테리를 만들어 낸다. 국내산 흑돼지 샤퀴테리는 수입품과 견주어도 오히려 더 좋은 맛을 내는 것으로 정평이 나있다.

📍 전북특별자치도 남원시 운봉읍 가산화수길 71-15
☎ 0507-1444-4179
✴ 소시지, 하몽, 페퍼드 살라미, 잠봉 등

# 4대째 이어온 백 년 전통의 중화요리
## 경방루

경방루는 1909년 중국에서 이주한 진경방씨가 창업해 남원에서 가장 오래된 중화요리 음식점으로 현재 진대자 대표가 4대째 가업승계를 받아 운영하고 있다. 100년을 훌쩍 넘긴 만큼 고풍스러운 중국식 목제 의자와 격자무늬 장식이 오래된 가게의 품격을 보여준다. 이곳의 대표 메뉴는 물짜장. 경방루의 1대 주인의 고향인 중국 산둥성 요리로 알려져 있다. 다른 곳에서 맛보기 힘든 이색적인 맛을 볼 수 있는데 전분기가 많아 걸쭉한 짬뽕을 먹는 듯한 느낌이다. 짭조름하고 살짝 매콤한 맛에 자꾸만 손이 갈 것. 이곳은 탕수육을 잘하기로도 소문이 자자한데 깨끗한 기름으로 바삭하게 튀겨 씹을수록 고소한 것은 물론 풍미가 입에 가득 찬다. 적당한 점도의 소스에는 야채가 많이 들어가 아삭아삭한 식감까지 더해줄 것. 꼭 탕수육도 함께 주문해 보자. 소스와 같이 볶아져 나오는 옛날 탕수육은 이른바 '부먹'으로 제공되지만 아삭하게 씹히는 연근이 들어가는 점이 특징이다.

📍 전북특별자치도 남원시 광한북로 29　　☎ 063-631-2325　　✖ 물짜장, 간짜장, 탕수육 등

# 1959년부터 이어진 원조맛집

새집추어탕

남원의 맛집을 추천해달라고 물으면 사람들 대부분이 추어탕을 떠올린다. 광한루원 바로 앞을 흐르는 요천이라는 냇가에서 잡아 올린 미꾸라지들이 식재료가 되어주다보니 추어탕이 남원의 대표 먹거리로 사람들의 머릿속에 각인이 되었다. 그중에도 원조는 있다. 1959년 문을 연 새집추어탕은 67년이 넘는 전통의 남원추어탕 터줏대감으로 추어숙회를 개발한 곳이기도 하다. 새집추어탕은 잔 가시 하나 느껴지지 않을 정도로 곱게 갈아 국물 속에 녹여낸 게 특징이다. 그 안에 몸에 좋은 시래기를 비롯해 믿을 수 있는 국내산 재료를 듬뿍 넣어 진한 국물과 함께 씹히는 맛도 잡았다.

추어탕은 맛도 맛이지만 몸보신이나 원기 회복을 위해 챙겨먹는 음식이기도 하다. 미꾸라지는 몸에 좋은 다양한 영양소가 들어 있는 건강식품이다. 양질의 단백질이 풍부해 더위가 가신 후 지친 기력을 보양하는 식품으로도 알려졌다. 특히 미꾸라지는 다른 동물성 식품에서는 보기 드물게 비타민A를 다량 함유하고 있다. 비타민A는 피부를 튼튼하게 보호하고, 세균의 저항력을 높여 주며, 야맹증 예방에도 도움이 된다. 뼈에 좋은 비타민D도 풍부하다. 추어탕은 미꾸라지의 이로운 성분을 전부 섭취할 수 있는 조리법이다. 뼈와 내장을 버리지 않고 통째로 삶아서 만들기 때문에 칼슘 섭취를 높일 수 있다.

새집추어탕에 방문했다면 추어숙회나 미꾸리깻잎말이 튀김을 곁들여 먹는 것도 추천한다. 겉바속촉의 튀김옷에 고소한 향기가 일품이다. 새집추어탕에서 식사를 마친 후 추어탕 밀키트를 두 손 가득 사가는 손님이 많은 것만 보아도 그 만족도를 짐작할 수 있다. 내부가 넓어 단체손님도 수용가능하며 2층에는 룸으로 되어 있는 공간도 있어 프라이빗한 식사를 즐기기에도 손색이 없다.

📍 전북특별자치도 남원시 요천로 1397　　☎ 063-625-2443　　✳ 추어탕, 추어숙회, 미꾸라지 깻잎말이 튀김 등

# 지리산 흑돼지로 잠봉뵈르 만드는 남아공 청년

## 카페 앤디스

남원의 한적한 농촌마을에 위치한 것이 무색하게 방문객들의 발길이 끊이지 않는 핫플레이스로 자리잡은 곳이다. 유럽의 어느 마을을 떠오르게 하는 우드톤의 외관과 간판은 카페 앤디스의 사장 '앤디'가 직접 제작했다.

앤디는 2013년 남원에서 영어강사로 일하던 중 한국인 아내를 만나 2022년 한국으로 귀화했다. 한국으로의 귀화를 선택한 그는 카페 앤디스를 열고 지리산 흑돼지를 이용해 자신의 고향인 남아프리카공화국의 방식 그대로의 수제 햄과 육포 등을 직접 만들고 있다.

시그니처 메뉴인 잠봉뵈르는 지리산 돼지고기로 만든 수제 잠봉을 아낌없이 넣어 씹는 맛이 좋고, 특제소스 또한 매력적이다. 담백한 맛과 부드러운 빵의 조화가 뛰어나 연령대에 상관없이 인기메뉴. 매장 한 켠의 쇼케이스에서는 수제 잠봉, 수제 육포 등 다양한 육가공 제품을 구매할 수 있다.

📍 전북특별자치도 남원시 주천면 제바위길 50-25　📞 010-3301-2922　✖ 시그니처 잠봉뵈르, 무화과 잠봉뵈르, 프렌치 어니언스프 등

한국으로의 귀화를 선택한 앤디는
남원에 카페 앤디스를 열고
지리산 흑돼지를 이용해
자신의 고향인 남아프리카공화국의
방식 그대로의 수제 햄과
육포 등을 직접 만들고 있다.

# Local Experience Tour

**전북에서 만나는 특별한 하루
오감으로 즐기는 로컬 체험 관광 5선**

전북에는 지역의 숨은 매력을 깊이 있게 만날 수 있는 체험 관광 프로그램이 많다. 그 중에서도 완주의 명장 도예 체험부터 전주 한옥마을의 전통주 만들기, 농촌 힐링 피크닉, 열대과일 농장 투어, 감성 치유 농장까지 각기 다른 매력을 가진 프로그램들이 큰 호응을 얻고 있다. 이것은 지역의 역사와 문화, 자연을 바탕으로 현대적 감성을 더해 MZ세대부터 중장년층까지 폭넓은 연령대를 아우르는 훌륭한 상품들이다. 단순한 관광이 아닌 힐링과 체험, 교육이 결합된 이들 상품은 전북 여행의 새로운 즐거움을 제시한다. 일상에서 벗어나 특별한 경험을 찾는 여행자들에게 전북의 다섯 가지 이야기를 소개한다.

# 대한민국 명장과 함께하는 달항아리 만들기

## 봉강요

온·주 소양면 깊은 산속에 자리한 봉강요에서 특별한 도예 체험이 여행객들의 발길을 사로잡고 있다. 30년 전통의 이 공방은 대한민국 도예명장 진정욱 작가가 직접 운영하며, 방문객들에게 한국 전통 달항아리를 만드는 귀한 경험을 선사한다. 체험은 계절 음료와 다식으로 시작된다. 봄에는 국화차, 여름에는 오미자와 매실차, 가을에는 대추차가 준비되어 있어 방문 첫 순간부터 한국의 정취를 느낄 수 있다. 이어지는 전시관 투어에서는 전기가마와 장작가마의 차이, 달항아리와 도자기의 역사를 들을 수 있다.

메인 프로그램인 달항아리 제작 체험은 70분간 진행된다. 전문 도예가의 시연과 지도 아래 물레를 돌리며 흙을 빚는 과정은 그 자체로 명상과 같다. SNS 세대를 위한 포토존도 마련되어 있어, 물레 체험 장면을 아름답게 담을 수 있다. 완성된 작품은 한 달 후 택배로 받아볼 수 있다. 유약 색상도 직접 선택할 수 있어 세상에 단 하나뿐인 나만의 달항아리를 소장하게 된다. 완주는 조선시대 가마터와 상감도자기가 출토된 지역으로, 이곳에서의 도예 체험은 지역의 역사와 문화를 함께 경험하는 의미 있는 시간이 된다.

체험 프로그램을 통해 명장의 지도, 전시관 관람, 기념품까지 받을 수 있어 가성비도 뛰어나다. 2030 문화 세대부터 중장년층까지 폭넓은 연령대가 찾고 있으며, 특히 힐링과 쉼을 원하는 이들에게 인기가 높다.

📍 전북특별자치도 완주군 소양면 위봉길 75-14
☎ 063-244-0067

## LOCAL TOUR 02

# 전주 한옥마을에서 만나는 전통주

## 모주체험 여

전주 한옥마을 태조로에 위치한 '여'는 전주를 대표하는 전통주 모주를 직접 만들어보는 특별한 공간이다. 단순한 술 만들기가 아닌, 마음을 나누고 힐링하는 경험을 제공한다는 것이 이곳의 철학이다. 모주는 술을 많이 마시는 아들의 건강을 걱정한 어머니가 끓여주었다는 유래를 가진 전주의 대표 술이다. '여' 역시 술을 잘 못하는 올케를 위해 시누이가 정성껏 끓여주던 마음에서 시작되었다. 이러한 따뜻한 스토리가 체험 공간 곳곳에 녹아있다.

체험은 약 한 시간 동안 진행되며, 한약재로 단맛을 내는 건강한 레시피를 배울 수 있다. 화학 첨가물 대신 자연 재료만을 사용하여 건강한 전통주로 가치를 강조한다. 참가자들은 직접 모주를 빚으며 재료의 조화와 발효의 원리를 이해하게 된다.

하루 6회차로 운영되며, 주말과 공휴일에는 저녁 6시 30분까지 체험이 가능하다. 합리적인 가격으로 20~30대 연인과 친구들이 주요 타겟이다. 한옥마을 관광과 연계하여 전주 여행의 특별한 추억을 만들기에 안성맞춤이다. 전통주에 대한 관심이 높아지는 요즘, '여'는 문화와 맛을 동시에 경험할 수 있는 매력적인 공간으로 자리매김하고 있다.

 전북특별자치도 전주시 완산구 태조로 37 2층
 0507-1355-3875

# 자연 속 오두막에서 즐기는 가족 피크닉

## 드림뜰힐링팜

완주군 소양면에 자리한 드림뜰힐링팜은 가족 단위 방문객들에게 프라이빗한 힐링 공간을 제공하는 농촌 체험 농장이다. 넓은 부지에 온실교육장, 동물농장, 치유 카페 등 다양한 시설을 갖추고 있다. '오두막 힐링팜크닉'은 이곳의 대표 프로그램이다. 자연 친화적 오두막 공간에서 가족이 함께 오감으로 즐기는 농촌 체험으로, 놀이와 교육, 치유가 결합된 특별한 시간을 선사한다. 아이들에게는 자연학습을, 부모에게는 휴식과 힐링을 동시에 제공한다는 것이 장점이다.

체험은 계절별 농작물 수확부터 시작된다. 바질, 민트, 상추, 샐러리, 치커리 등 농장에서 직접 재배한 신선한 채소를 수확한 후, 이를 활용해 치아바타 샌드위치와 토마토 카프레제를 만든다. 허브로 만든 모히또도 직접 만들어 마실 수 있다.

오두막에서 자신이 만든 음식으로 피크닉을 즐긴 후에는 동물 교감 체험이 이어진다. 여유롭게 모래놀이를 하고, 가재를 잡으며, 숲을 산책하는 시간은 도시에서는 경험할 수 없는 소중한 추억이 된다. 특별 프로그램도 운영하는데, 봄에는 꽃 씨앗 심기, 여름에는 물풀장 제공, 가을에는 유칼립투스 꽃다발 만들기, 겨울에는 군고구마 구워 먹기 등이 준비된다.

📍 전북특별자치도 완주군 소양면 원암로 348-15
☎ 0507-1443-3337

# 비행기 타지 않고 떠나는 열대과일 농장 투어

## 서동팜

전북 익산시 금마면에 위치한 서동팜은 국내에서 보기 드문 열대과일 농장이다. 700평 규모의 온실에서 파파야, 파인애플, 바나나, 망고 등을 재배하며, 유럽 샐러드 상추를 키우는 300평 규모의 스마트팜도 운영한다. '익산 열대과일 브런치 쿠킹 클래스'는 직접 재배한 열대과일을 수확하고 요리하며, 나만의 이야기를 담은 브런치를 완성하는 '팜 투 테이블' 미식 체험이다. 비행기를 타지 않고도 열대 농장을 경험할 수 있다는 점이 가장 큰 매력이다.

체험은 오리엔테이션으로 시작해 30분간 열대과일 온실과 스마트팜 시설을 투어하며 직접 재료를 수확한다. 이후 주방 공간으로 이동하여 열대과일과 샐러드를 손질하고 브런치를 플레이팅한다. 커피나 차와 함께 자신이 만든 브런치를 즐기는 시간은 특별한 경험이 된다. 백제 왕도 익산의 역사적 배경 위에 펼쳐지는 미래 농업의 이야기는 이곳만의 독특한 스토리텔링이다. 미륵사지, 왕궁탑과 연계한 역사-미래농업 관광 패키지도 구성할 예정이어서 익산 여행의 새로운 명소로 떠오르고 있다. 촌캉스와 로컬 트렌드를 좋아하고, 기록과 공유를 즐기는 디지털 네이티브들에게 인기가 높다.

📍 전북특별자치도 익산시 금마면 각봉길 15
☎ 0507-1434-8290

# 한국의 타샤 튜더를 만나다

## 봄과 로라의 치유농장

익산시 함라면에 위치한 '봄과 로라의 치유농장'은 광활한 부지에 정원, 대나무숲, 텃밭 등을 갖춘 감성 치유 공간이다. 미국의 전설적인 정원 예술가 타샤 튜더의 '숲'을 모티브로 한 이곳은 자연과 전통이 공존하는 산소 힐링 농장이다. '치유농장 오감 팜크닉'은 타샤 튜더처럼 앞치마와 두건을 쓰고 아름다운 정원과 대나무숲을 거니는 감성 체험 프로그램이다. 치유 김밥과 음료, 책이 담긴 피크닉 바구니를 들고 꽃이 가득한 정원에서 시간을 보내는 1시간 30분은 일상에서 벗어난 특별한 여유를 선사한다.

오리엔테이션 후 타샤 튜더 의상을 착용하고 피크닉 가방을 받으면 본격적인 체험이 시작된다. 정원에서 김밥과 음료를 맛본 후 대나무숲에서 걷기 명상을 하며, 중간중간 스냅 사진도 촬영해준다. SNS에 올리기 좋은 감성적인 사진을 얻을 수 있어 젊은 세대들에게도 인기다. '오감 팜크닉'은 이러한 지역성을 담아낸 콘텐츠로, 인근 교도소 체험장, 한옥 체험단지와 연계한 관광 코스로도 주목받고 있다.

📍 전북특별자치도 익산시 함라면 함라교동길 27-73

☎ 0507-1428-3566

PILGRIMAGE ROUTE

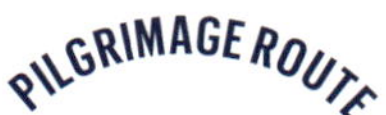

# 비움으로 충만해지는 순례의 오후
# 전북 성지혜윰길

성지를 따라 걸으며 내면을 돌아보는 길. 전북 성지혜윰길에서 종교와 전통 문화를 거쳐 치유의 시간과 마주할 수 있다. 소란스러움을 내려두고 마음의 소리를 따라 걷는 순례길에서 비움으로 비로소 충만해지는 특별한 시간을 경험했다.

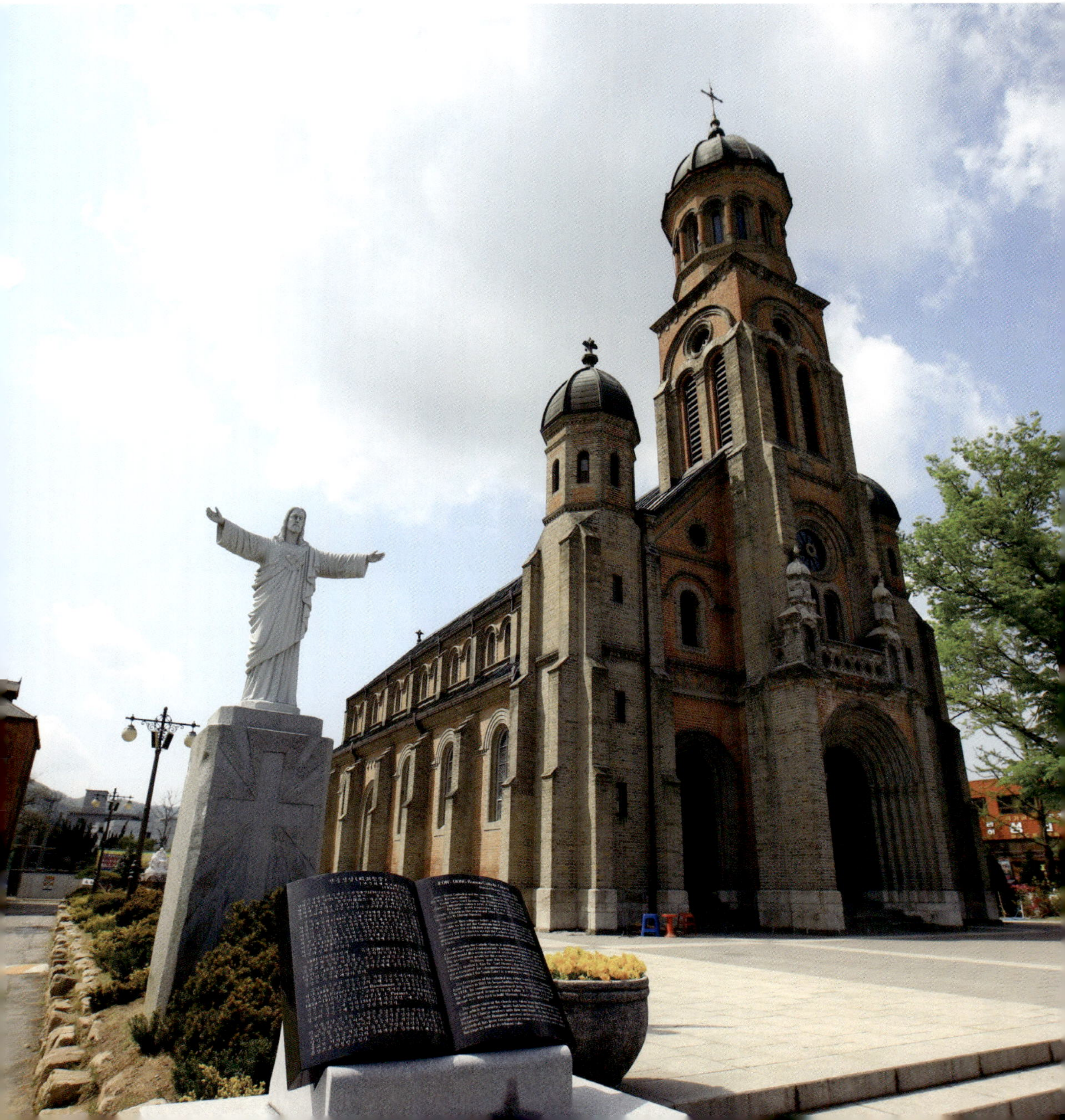

신유박해 순교터 위에 피어난 신앙
**전동성당**

1914년 완공된 전동성당은 조선에 지어진 거대한 서양식 성당 중 하나였다. 전동성당이 지어진 자리는 원래 호남 천주교 박해의 중심지였다. 실제로 이곳에서 다수의 천주교 신자들이 체포되고 처형되었으며 조선 후기 전라도 지역의 신자들이 신앙의 뿌리를 지키고자 노력했던 현장이기도 하다. 삼각 종탑과 붉은 벽돌은 단순히 아름다운 건축물이 아니라 생명과 바꾸면서까지 소중했던 신앙을 지킨 이들의 상징으로 남았다. 프랑스 선교사 푸와넬 신부는 이들을 기억하기 위해 전동성당을 지었고 로마네스크와 비잔틴 양식을 빌려온 붉은 아치들은 그 자체로 기억의 공간이 되었다.

📍 전북특별자치도 전주시 완산구 태조로 51
☎ 063-284-3222

일원의 빛이 머무르는 자리
## 원불교중앙총부

익산 원광대학교 맞은편에 위치한 원불교의 성지인 원불교중앙총부. 다양한 전통 건물과 사찰 공간이 조화를 이루며 사계절 아름다운 풍경을 자아낸다. 새 시대의 불법을 열기 위해 소태산이 서원을 세운 뒤 1924년 이곳에 터를 잡고 교단의 첫 숨을 불어넣었다. 넓게 펼쳐진 뜰 위로 고요한 기운이 흐르고 순례자들은 이곳에서 삶을 비추는 원(圓)의 의미를 다시금 되짚어 본다. 일상을 수행으로 바꾸려는 정신이 조용히 깃들어 있는 곳. 익산 들판 깊이 한 시대의 깨달음이 머문 이곳은 그 자체가 원불교의 본부이면서 동시에 종교가 아닌 생활의 방식으로 자리 잡고자 했던 출발점이기도 하다.

📍 전북특별자치도 익산시 익산대로 501　　☎ 063-850-3333

우리 모두 이름없는 들꽃이었더니
## 전주동학농민혁명 녹두관

사람이 사람답게 살기를 바랐던 이들이 들불처럼 일어났다. 흰 무명띠 거리에 두르고 징을 울리며 죽창을 들고 길을 나섰던 동학농민군을 기리는 전주동학농민혁명 녹두관. 완산 칠봉에 위치한 녹두관은 일본에서 돌아온 무명의 동학농민군 지도자를 추모하기 위해 세워진 전시관으로 추모공간이 눈에 띈다. 동학농민혁명의 역사를 한눈에 볼 수 있는 다양한 전시물이 들꽃처럼 살았던 이들의 삶을 기록하고 있다. 12개의 폐정 개혁안과 이를 설명해주는 영상 그리고 봉기 전개를 길게 이은 연표가 투쟁의 현장을 그리듯 펼쳐져 있다. 힘든 세상은 저물고 새로운 세상이 도래한다는 후천개벽은 동학의 기틀을 잡아준 사상이자 그들의 유일한 소망이었다. 동학농민운동의 열기가 다시금 뜨겁게 느껴지는 녹두관에서 그들이 바라던 세상은 어떤 모습일지 되새겨보게 된다.

◉ 전북특별자치도 전주시 완산구 동완산동 산124-9
☎ 063-281-2977

마부에서 목회자가 된 기적의 역사
## 금산교회

사람이 사람답게 살기를 바랐던 이들이 들불처럼 일어났다. 흰 무명띠 머리에 두르고 징을 울리며 죽창을 들고 길을 나섰던 동학농민군을 기리는 전주동학농민혁명 녹두관. 완산 칠봉에 위치한 녹두관은 일본에서 돌아온 무명의 동학농민군 지도자를 추모하기 위해 세워진 전시관으로 추모공간이 눈에 띈다. 동학농민혁명의 역사를 한눈에 볼 수 있는 다양한 전시물이 들꽃처럼 살았던 이들의 삶을 기록하고 있다. 12개의 폐정 개혁안과 이를 설명해주는 영상 그리고 봉기 전개를 길게 이은 연표가 투쟁의 현장을 그리듯 펼쳐져 있다. 힘든 세상은 저물고 새로운 세상이 도래한다는 후천개벽은 동학의 기틀을 잡아준 사상이자 그들의 유일한 소망이었다. 동학농민운동의 열기가 다시금 뜨겁게 느껴지는 녹두관에서 그들이 바라던 세상은 어떤 모습일지 되새겨보게 된다.

📍 전북특별자치도 김제시 금산면 모악로 407
☎ 063-548-4055

석탑에 깃든 불국의 노래
## 미륵사지

백제 최대 규모의 사찰이자 동아시아 고대 불교사에서 중요한 유적으로 인정받고 있는 익산 미륵사지. 백제 마지막 왕도의 꿈이 서린 거대한 사찰인 이곳은 백제 불교와 정치의 중심적인 역할을 한 곳이다. 세 개의 탑과 각각의 탑 앞에 있는 세 개의 법당 그리고 그 뒤로 긴 회랑이 세 구역을 감싸고 있는 이 독특한 구조는 미륵삼존을 상징하는 것으로 알려져 있다. 이는 백제라는 왕국의 독창성을 보여주는 동시에 한국 고대사와 건축사 연구에서도 중요한 가치가 있음을 보여준다. 특히 1993년 발견된 사리장엄구는 미륵사의 창건 배경과 백제 공예 수준을 확증했다. 익산 미륵사지는 미륵신앙이라는 불교적 이상이 대지 위에 펼쳐진 소중한 불교 성지다.

📍 전북특별자치도 익산시 금마면 기양리 32-7
☎ 063-859-3873

**4色이음**

# 전북 서부내륙권을 취향 따라 즐긴다
# 4色이음 관광상품

전북 서부내륙권 11개 시·군의 관광자원을 테마로 엮은 '4色이음 관광상품'이 방문객들에게 맞춤형 여행을 선보이며 호평을 받고 있다. 지역의 다양한 자원을 향토문화·문화예술·역사문화·자연휴양·종교관광이라는 5가지 테마로 재구성해 파트너십 여행사를 선정하여 여행자의 취향에 맞춘 맞춤형 코스로 제공한다.

전통의 숨결을 따라 걷는 향토문화 테마

**전주한옥마을에서 만나는**
**미식과 전통의 감성**

향토문화 테마는 전주한옥마을을 중심으로 구성되며, 고풍스러운 골목길을 따라 걷는 전주향교, 오목대 탐방과 더불어 남부시장 청년몰에서는 지역 청년 창업자들의 가게를 둘러보는 색다른 경험을 할 수 있다. 전통과 현대가 공존하는 여행으로, 세대불문 만족도가 높다.

**정읍 대장금파크와
구절초 테마공원에서
예술을 즐기다**

문화예술 테마는 정읍을 배경으로 구성되며, 대장금 테마파크에서 드라마 속 한 장면을 체험하고, 구절초 테마공원의 감성적인 풍경과 함께 문화공방에서 예술 체험을 더한다. 예술작품 감상과 직접 만드는 체험이 결합된 프로그램은 특히 MZ세대와 가족 단위 관광객에게 호평을 받고 있다.

## 백제의 시간을 걷는 역사문화 테마

**익산에서 만나는
고도 백제의 흔적**

역사문화 테마는 찬란했던 백제 왕도의 중심지, 익산에서 펼쳐진다. 미륵사지, 왕궁리 유적, 국립익산박물관을 차례로 탐방하며, 백제의 건축미와 역사적 흐름을 오감으로 느낄 수 있다. 전문 해설사의 설명이 더해진 유적지 투어와 박물관 체험은 교육적이면서도 몰입감 높은 역사 여행을 완성한다.

**무주 구천동계곡과
덕유산에서 만나는
청정 힐링**

자연휴양 테마는 덕유산 국립공원과 구천동계곡이 있는 무주에서 진행된다. 완만한 숲
길을 따라 트래킹하며 계곡의 맑은 공기를 마시고, 곤도라를 타고 설천봉까지 올라가 덕
유산의 전경을 감상한다. 이후 태권도원에 들러 태권도의 역사와 가치를 되새기며, 생태
적이고 활동적인 하루를 보낸다.

# Muju on the Table

청정 고원에서 맛본 슬로푸드
무주

덕유산 국립공원을 품은 청정 산악 지역으로 사계절 내내 아름다운 자연풍경을 자랑하는 무주. 산골의 맑은 물과 자연의 순수함을 그대로 담고 있는 슬로푸드의 본고장이다.

# 민물에서 건진 산골 보양식
## 섬마을

무주를 대표하는 맛집 섬마을의 식탁은 계곡의 맑은 물에서 시작된다. 섬마을의 대표 메뉴인 빠가어죽은 민물고기의 진한 맛을 우려낸 뒤 곡물과 채소를 더해 완성한 산골 보양식의 정수를 보여주는 요리다. 푹 삶아져 살과 뼈가 부드럽게 풀어지면 고소하고 깊이 있는 국물이 완성된다. 또한 빙어를 고소하게 튀겨낸 도리뱅뱅이는 섬마을의 인기 메뉴 중 하나. 바삭한 빙어에 특제 소스가 버무려져 있어 언제 먹어도 맛있는 별미로 빙어가 가진 담백한 풍미 덕분에 씹을수록 고소함이 깊어진다. 그 외에도 자연산 쏘가리로 맛을 낸 쏘가리 매운탕과 민물새우탕, 메기매운탕도 민물고기의 매력을 뽐낸다. 자연 그대로의 맛을 존중하는 방식으로 산속 마을의 소박한 맛을 정성스럽게 담아낸다. 무주의 맑은 물이 길러낸 생명력과 손맛이 조화를 이루어 맛깔스러운 향토음식이 되었다.

📍 전북특별자치도 무주군 무주읍 내도로 126
☎ 063-322-2799
🍴 빠가어죽, 도리뱅뱅이, 쏘가리매운탕 등

# 막걸리 양조장과 카페의 콜라보
## 무주마실

95년 전통의 막걸리가 젊은 감각으로 카페와 만났다. 무주군 구천동 계곡 한결같이 막걸리를 빚어온 무주구천양조장이 있다. 2020년 '전북천년명가'로 선정되어 전통을 이어가고 있는 양조장 바로 옆 무주마실이 문을 열었다. 막걸리도 문화를 입혀야 한다는 생각에 젊은 감성의 카페를 양조장 옆에 열었고 방문객들은 이곳에서 차를 마시거나 막걸리를 구매할 수도 있다. 1929년부터 4대째 이어지고 있는 술도가인 무주구천양조장은 '효모가 살아 있는 진짜 막걸리'라는 양조 철학을 묵묵히 지켜오고 있다. 대표 막걸리인 천탁주, 삼탁주, 사과탁주 등이 인기가 많다. 무주 특산품인 천마를 활용한 천탁주와 인삼을 주재료로 삼은 건강형 막걸리 삼탁주, 과실 기반의 사과탁주까지. 깊이와 전통 그리고 기분 좋은 달콤함까지 모두 느낄 수 있다.

무주마실에서는 고구마 브륄레와 츄러스 같은 달콤한 디저트도 함께 즐길 수 있고 무주마실의 마스코트인 강아지 '무'의 앙증맞은 환영도 받을 수 있다. 특히 양조장에서 운영하는 카페답게 막걸리를 넣은 스무디인 '막치노'라는 음료도 맛볼 수 있는데 생막걸리의 부드러움과 기분 좋은 알싸함까지 느낄 수 있어 이색적이다.

📍 전북특별자치도 무주군 적상면 치마재로 66 1층　　📞 010-4090-2346
❌ 미도리딸기라떼, 라떼비엔나, 막치노, 삼탁주 등

# 고수의 손맛

## 천지가든

무주군에 위치한 천지가든은 한식대첩3이라는 프로그램에 전북 대표로 출전해 주목을 받았다. 한식대첩은 대한민국 최고의 한식 요리사를 뽑는 TV 요리 경연 서바이벌 프로그램으로 한식의 우수성과 지역별 음식 문화를 조명하며 큰 호응을 얻었다. 30년 전통을 자랑하는 천지가든은 무주를 대표하는 식당이자 시어머니에서 며느리로 이어지고 있는 대물림 맛집이다. 과거 무주를 방문했던 대통령과 유명인사들이 다녀가며 고급스럽고 정갈한 음식이라고 호평을 받고 있다. 천지가든의 가장 특징은 직영농장에서 생산한 청정 식재료를 사용한다는 점이다. 대표 메뉴인 버섯전골은 시원한 국물과 다양한 버섯을 듬뿍 넣어 깊은 맛을 완성했고, 산채비빔밥은 무주의 사계절을 담아냈다. 특히 전라도 지역 특유의 정갈하고 다양한 밑반찬은 관광객들 사이에 입소문을 타고 무주 여행 시 꼭 들러 볼 만한 미식 여행지로 손꼽힌다.

🏠 전북특별자치도 무주군 무주읍 괴목로 1313
📞 063-322-3456
🍴 능이버섯전골, 산채비빔밥, 천지정식 등

# Jeongeup on the Table

깊은 산 아래 향기로운 하루
정읍

내장산의 수려한 풍광과 오랜 역사 속에 풍류의 멋이 살아 숨 쉬는 정읍. 비옥한 들녘과 청정 자연에서 자란 식재료는 세월의 손맛과 만나, 정갈하면서도 깊은 풍미를 전하는 향토 음식으로 재탄생한다.

# 갤러리와 카페가 어우러진 복합문화공간
## 이오일 스페이스

정읍 내장산로에 위치한 갤러리형 카페 이오일 스페이스는 절제된 건축물과 미술품들의 전시가 돋보이는 복합문화공간이다. 데이비드 호크니 등 전설과도 같은 거장의 작품과 만나볼 수 있는 갤러리 카페로 햇빛, 자연, 바람이 어우러지도록 설계한 절제된 공간에서 거장의 숨결을 느껴보는 사색과 치유의 시간을 가질 수 있다. 작품에 대한 설명도 상세히 적혀있다. 중앙 잔디밭에 있는 대형 스크린으로 추억의 비디오팝을 감상할 수 있으며, 종종 공연이나 강연도 관람할 수 있어 다양하게 즐길 수 있다. 미니 웨딩 또는 각종 파티와 행사 및 모임도 진행 가능하다. 플랫 화이트 베이스에 고소한 흑임자 크림이 올라간 이오일 라떼가 시그니처 메뉴다.

📍 전북특별자치도 정읍시 내장산로 2226
☎ 070-8691-2611
✖ 이오일 커피, 서리태홍시팥빙수, 이오일 대추차 등

# 그야말로 명인(名人)의 한정식

### 명인관

📍 전북특별자치도 정읍시 내장산로 941-13
☎ 063-538-8981
✖ 쌍화차 묵은지 삼합정식, 단풍미락정식 등

명인관은 내장산 국립공원의 풍경을 마주보고 특별한 한정식을 맛볼 수 있는 곳이다. 내장산 케이블카를 타러 가는 곳 중 가장 위쪽에 위치한 명인관에서는 자연이 준 식재료들과 내장산의 기운을 잔뜩 머금은 건강한 한끼를 맛볼 수 있다.

쌍화차의 고장인 정읍답게 '쌍화차 묵은지 삼합정식'이라는 메뉴가 눈에 띈다. 쌍화차의 효능은 이제 많은 사람들이 저절로 떠올리듯, 몸이 으슬으슬 떨리고 기운이 빠질 때 자연스럽게 떠오르는 것이 쌍화탕이다. 쌍화탕이라는 이름은 '서로 조화를 이룬다'는 뜻을 담고 있다. 한의학에서 말하는 기와 혈, 음과 양의 균형을 함께 보완한다는 개념이다. '동의보감'에는 정신과 육체가 모두 피로하고 기혈이 손상됐을 때, 병을 앓은 뒤 회복기에 있거나 만성적으로 허약한 상태에서 쓴다고 기록돼 있다. 숙지황과 황기는 기와 혈을 보충하는 대표적인 약재이고, 당귀와 천궁은 혈액순환을 도와 피로 회복을 돕는다. 작약은 근육통 완화에 관여하고, 계지나 육계는 약효가 몸 전체로 퍼지게 하는 역할을 한다. 생강과 대추, 감초는 처방의 균형을 맞춘다.

이처럼 건강에 좋은 쌍화차를 베이스로 삶아낸 돼지고기 수육은 맛깔스러운 깊은 맛을 낸다. 거기에 명인의 솜씨로 담근 새콤달콤한 묵은지, 향긋한 더덕이 어우러져 잊을 수 없는 맛을 선사한다. 다양한 제철 산나물로 맛깔스럽게 내놓는 밑반찬도 어느 하나 손이 안 가는 것이 없다. 특히 콩나물 잡채를 먹어보라고 권해온다. 콩나물 잡채는 전라도 서해안 지방의 잔치 음식으로 '잔치상에 콩나물 잡채가 오르지 않으면 섭섭하다'고 할 정도로 잔치를 대표하는 음식이었다고 한다. 명절 때나 귀한 손님이 오시는 날 내놓던 음식이라는 설명이다. 과연 아삭한 식감과 새콤한 맛이 일품이다. 직접 담근 집된장으로 푸짐하게 내어주는 된장찌개가 이 한상차림의 조화로움을 완성한다. 구수하면서도 깊고 진한 감칠맛이 느껴진다.

# Gimje
# on the
# Table

들녘의 황금빛 풍요로 차린 밥상
김제

광활한 평야가 펼쳐진 곡창지대, 김제는 예부터 풍요로운 식재료로 이름난 고장이다. 금빛 들녘에서 자란 곡물과 채소는 정갈한 손맛을 만나 건강한 한 상으로 태어나며, 옛 맛을 지키는 장인의 손끝에서 김제만의 미식 문화가 이어지고 있다.

# 시골집에서 즐기는 슬로푸드
## 첫마을 첫집

진짜 시골집을 리모델링한 이곳은 이름 그대로 마을 초입에 자리한 첫 번째 집이다. 금산사를 향하는 길목에서 빨간 간판을 발견한다면 그곳이 바로 첫마을 첫집이다. 모든 것이 빠르게 돌아가는 세상에서 오랜 시간을 들여 천천히 요리해주는 음식을 먹는 것이 선물처럼 느껴지기도 한다. 할머니 할아버지네 집을 방문한 것 같은 푸근함을 주는 귀여운 초가집 앞에는 직접 개발한 훈제용 항아리가 놓여있다. 항아리 삼겹살은 조리 시간이 오래 걸려 시간대별로 예약을 받아 운영한다. 번거로울 법한 이 과정이 오히려 첫마을 첫집의 철학을 드러낸다. 큰 항아리 안에서 천천히 익혀 낸 삼겹살은 기름기가 쫙 빠지고, 육질은 부드러우면서도 깊은 맛이 배어 있어 많이 먹어도 부담스럽지 않다.

📍 전북특별자치도 김제시 금산면 청도7길 5
☎ 0507-1343-5069
✖ 항아리 훈제 삼겹살, 우대갈비, 훈제오리 등

# 바리스타 챔피언이 내려주는 핸드드립

## 라이트빈

금산사 부근에 자리한 라이트빈은 오랜 시간 쌓아온 커피에 대한 철학이 메뉴 하나하나에 고스란히 묻어나는 김제의 숨은 보석이다. 라이트빈의 시그니처는 단연 핸드드립 커피다. 게이샤, 에티오피아 등 각국의 제철 생두를 자체 로스팅한 싱글오리진 원두를 취향에 맞게 선택할 수 있고, 커피가 서서히 식어갈수록 풍미가 점차 달라지는 섬세한 변주를 경험할 수 있다. 주문과 동시에 바리스타가 정성껏 내려주는 모습을 지켜보는 것도 라이트빈의 즐거움이다. 커피를 가장 잘하는 로스터리지만 직접 구운 베이커리도 발군이다. 수제 바스크 테린느 치즈케이크, 휘낭시에 등 당일 소량만 구워내는 디저트들은 커피와의 밸런스를 고려한 구성이라 함께 즐기기에 완벽하다. 직접 로스팅한 원두도 판매하니, 집에서도 이 맛을 즐기고 싶다면 한 봉지 챙겨가는 것도 좋겠다.

📍 전북특별자치도 김제시 금산면 우림로 319-18　　☎ 0507-1316-4511　　✖ 라이트빈 라떼, 딥 초코 라떼 등

# Jangsu on the Table

오래된 길 위의 온기
장수

해발 고도가 높은 고랭지 청정지역, 장수는 천혜의 자연환경 속에서 건강한 먹거리를 길러내는 생명의 고장이다. 맑은 물과 일교차 큰 기후는 농산물의 맛을 더욱 깊게 하고, 전통 방식으로 빚어낸 향토 음식은 오랜 시간의 정성을 담고 있다.

# 마음까지 뜨끈해지는 보양식
## 청기와집가든

장수의 맑은 공기와 푸른 산세 사이 조용한 도로변에 자리한 청기와집가든은 1999년 문을 연 이후 지금까지 한결같이 덕유산과 장안산을 찾는 산행객들의 몸보신을 책임져 주고 있는 곳이다. 세월의 흔적이 느껴지는 외관이지만 막상 내부에 들어서면 불편함이 느껴지지 않는다. 넉넉히 준비된 테이블석과 룸까지 알차게 갖추고 있어 모임을 하기에도 손색이 없다. 가게에 들어서면 주인장 부부의 다정함이 먼저 다가온다. 살아온 세월이 인상에 남아있는 주인장 부부의 미소가 먼저 마음을 데운다. 추운 날에는 따뜻한 차 한 잔을, 더운 날에는 직접 만든 시원한 식혜 한 잔을 먼저 내어주는 마음이다.

📍 전북특별자치도 장수군 장계면 한들로 181
📞 063-353-5292
🍴 한방오리탕, 오리생구이, 오리주물럭 등

# Jinan
# on the
# Table

**자연의 높이만큼 깊어진 맛**
**진안**

마이산을 품은 고원 지대가 있어 느린 시간 속에서 청정한 재료가 자라나는 진안.
소박한 손맛이 어우러져 몸이 먼저 기억하는 추억으로 남는다.

# 홍삼과 시래기로 지은 건강 솥밥

## 마이담

진안군은 산이 많고 해발이 높은 고원지대로 형성되어 있어 좋은 품질의 인삼이 재배되는 곳이다. 홍삼특구로 지정된 진안에서 지역의 특산물과 산골 식재료를 더해 건강한 한 끼를 먹을 수 있는 곳이 있다. 아침 일찍부터 커다란 가마솥에 시래기를 삶아내는 풍경이 정겨운 마이담이 바로 그곳이다. 마이담은 홍삼을 식사에 자연스럽게 녹여낸 음식을 연구하여 '몸이 편안해지는 밥상'을 선보이며 좋은 반응을 얻고 있다. 시래기와 밥에 은은한 홍삼을 더해 부드럽게 조화를 이룰 수 있도록 조리한 '홍삼시래기밥'이 대표적인 메뉴다. 매장의 통창 너머로 보이는 마이산 풍경과 홍삼의 기분 좋은 풍미가 느껴지는 홍삼 시래기밥은 온가족이 즐기기에 더없이 좋은 메뉴다. 솥밥과 곁들여 먹기 좋은 떡갈비와 함께 먹으면 더욱 든든한 한 끼를 즐길 수 있다.

📍 전북특별자치도 진안군 부귀면 전지로 1947

☎ 063-433-5535

🍴 시래기등갈비찜, 홍삼시래기밥 등

# 거북이 테마로 꾸며진 아늑한 카페
## 부기로와

진안군 부귀면에 자리한 부기로와는 비워져 있던 공간을 리모델링하여 만든 독특한 감성 카페다. 정감 있는 시골집의 정취를 멋스럽게 담아낸 이곳은 거북이 관련 굿즈와 소품들이 아기자기함을 더한다. 기본적인 커피 메뉴에 수제쌀도라지라떼와 직접 말린 꽃의 향기가 그대로 담긴 수제계절꽃차, 스모키얼그레이라떼 등 개성 있는 음료가 즐거움을 더한다.

음료 메뉴 외에도 진안의 곶감으로 맛을 낸 와플인 '곶버플', 추억을 떠올리게 만드는 옛날 토스트까지. 관광객은 물론 지역 주민들도 부담 없이 즐길 수 있는 디저트도 판매 중이다. 무엇보다 거북이를 테마로 꾸며진 아늑한 공간과 여유로운 정취를 만끽할 수 있는 뒷마당이 머무는 시간을 편안하게 만들어 준다. 마이산이나 아름다운 부귀 메타세쿼이아길로 향하는 길목에 있어 여행 중 쉬어가기 좋은 공간이다.

📍 전북특별자치도 진안군 부귀면 부귀로 312　　☎ 0507-1354-9724
✖ 수제쌀도라지라떼, 수제계절꽃차, 한봉꿀기리카노 등

마이산이 있는 진안에
머물고 싶은
작은 카페가 문을 열었다.
진안이 좋아 정착했다는
사장님의 따스한 배려가
느껴지는 부기로와.
아기자기한 인테리어로
머무는 시간이
더욱 몽글몽글해지는 공간.

# Wanju on the Table

자연과 슬로푸드가 어우러진 고장
완주

풍요로운 들과 산, 전통과 혁신이 공존하는 완주는 슬로푸드와 로컬푸드의 중심지로 자리잡은 미식의 도시다. 건강한 땅에서 자란 신선한 재료와 주민들의 정성 어린 손맛이 어우러져, 자연을 담은 밥상이 완주의 진짜 맛을 전한다.

# 방앗간에서 시작된 전설의 노포

## 원조화심두부

전북특별자치도 완주군 소양면 전진로 1066
063-243-8952
화심순두부, 두부등심돈까스,
들깨순두부, 두부도너츠 등

원조화심두부는 완주군 소양면 화심리를 '화심두부거리' 혹은 '화심순두부마을'로 만들어준 시초가 되는 원조집이다. 1957년부터 시작되어 70년 가까운 역사를 자랑하는 터줏대감 원조화심두부의 시작은 음식점이 아닌 방앗간이었다. 방앗간을 운영하던 창업주 권영선 할머니는 그 시절 두부를 좋아하던 남편을 위해 틈만 나면 두부를 만들곤 했다. 전북에서 가장 오지를 뜻하던 '무진장', 즉 무주, 진안, 장수 중 하나였던 진안과 전주를 이어주던 길 중간이다보니 걸어서 넘나드는 객들이 제법 있었던 시절이었다. 1950년대부터 60년대까지는 다들 배곯고 힘들던 보릿고개 시절이었기에 험준한 진안 고개를 넘나들며 전주를 향하던 사람들에게 방앗간에서 풍겨오는 고소한 두부 만드는 냄새에 이끌려 권영선 할머니의 방앗간을 기웃거리던 이들이 있었다.

배곯은 이들을 외면할 수 없던 권영선 할머니는 오고가는 객들에게 인심 좋게 두부요리를 나누어 주었는데 이게 어찌나 맛있고 고소했던지 소문이 나서 점점 찾는 이들이 많아지더니만 나중엔 "이러지 말고 제발 식당을 차려달라"는 간청하는 이들이 늘어났다. 그 간청에 못 이겨 화심집이라는 음식점을 시작했다. 처음에는 두부에 양념을 더해 전주와 진안을 오고 가던 손님들 허기를 달래주는데 주력하다가 기왕에 돈을 받고 음식을 파는 거 조금 더 맛있게 만들어 보자는 생각으로 화심순두부를 탄생시켰다. 그렇게 원조화심두부를 필두로 주변에 비슷한 메뉴를 판매하는 가게들이 생겨나며 순두부마을로 자리잡았다.

요즘은 두부를 빚을 때 이런저런 화학 첨가물을 넣으면 그 모양도 맛도 그럴싸 하기도 하고, 훨씬 쉽게 만들 수 있기도 하다. 천연재료들만 사용하여 전통방식을 고집한다는 것은 꽤나 수고스러운 일이다. 하지만 원조화심두부는 창업주인 권 할머니의 손맛 그대로 전통방식으로 꾸준히 두부를 만들어 오고 있다. 자극적인 맛이 아닌 시골 할머니 댁에 가면 차려 주시는 듯한 수수하고 묵직한 맛은 원조의 자부심이기도 하지만, 이 맛을 잊지 못해 멀리서부터 찾아오는 손님들의 향수를 지키기 위한 따뜻한 마음이기도 하다.

천연재료들만 사용하여 전통방식을 고집한다는 것은
꽤나 수고스러운 일이다. 하지만 원조화심두부는
창업주인 권할머니의 손맛 그대로 전통방식으로
꾸준히 두부를 만들어 오고 있다.

# 여백이 아름다운 우리들의 정원

## 아원(我園)

아원(我園)은 '우리들의 정원'이라는 뜻이다. 산비탈과 논밭이던 자리에 건축가 전해갑 관장이 경남 진주의 250년 된 고택과 전북 정읍의 150년 된 고택, 마지막으로 전남 함평에서 이곳으로 고스란히 이축해왔다. '진짜' 한옥을 정성스레 옮겨오는데 시간과 정성을 아끼지 않았기에 아원고택이 지금 모습으로 완성되는 데 15년이 걸렸다고 한다. 갤러리카페 아원은 한옥의 고즈넉함과 현대 건축의 미가 어우러진 복합문화공간으로 카페를 비롯해 갤러리와 한옥 스테이도 함께 운영하고 있다.

아원고택에 들어가기 위해서는 아원갤러리&뮤지엄으로 입장해야 한다. 이곳은 한옥과 달리 현대적인 공간이다. 한옥 아래 자리한다고 믿기 어려울 정도다. 미디어아트를 지나 내부로 들어서면 갤러리 공간이 나오는데, 1년에 2~3회 현대미술 초대전을 연다. 가운데 놓인 커다란 탁자에서 커피도 마실 수 있다. 천장이 개폐식이라, 고개를 들면 계절에 따라 달라지는 하늘이 눈에 들어온다.

실내에서 2층 바깥으로 이어지는 좁은 계단을 따라 올라가면 다른 세상이 펼쳐진다. 단아한 한옥 세 채가 모습을 드러낸다. '만사 제쳐 놓고 쉼을 얻는 곳'이라는 만휴당, 안채, 사랑채, 별채로 구성된다. 아원고택은 건축의 중심에 종남산을 놓았다. 어디서나 종남산의 그윽한 능선이 눈에 들어온다. 한옥은 주로 남향이지만, 아원고택은 종남산을 바라본다. 만휴당과 종남산 사이 갤러리&뮤지엄 지붕에는 빗물로 연못을 만들었다. 연못은 종남산을 불러들인다. 아침과 해가 뉘엿할 무렵에 종남산 그림자가 고스란히 비친다.

한옥과 풍경은 이처럼 별개이면서 하나로 어울린다. 풍경은 고택의 창으로도 들어왔다. 모든 창이 주변 풍경을 담는 액자다. 풍경을 차용한다는 한옥의 건축 철학을 철저히 구현하고 있다. 전통은 과거의 형태로 머무르지 않고 현대는 과시되지 않은 태도로 스며들어 서로 다른 시간이 충돌하지 않고 조용히 나란히 놓이며 하나의 풍경을 완성하는 아원은 누군가의 소유가 아닌 머무는 이의 감각으로 완성되는 공간이다.

📍 전북특별자치도 완주군 소양면
　송광수만로 516-7
📞 0507-1313-8195
❌ 입장료 10,000원, 드립커피 4,000원,
　오미자차 4,000원

차분히 물을 올리고, 찻잎이 피어나는 시간을 기다리는
다도 체험은 차 한 잔을 마시는 행위를 넘어 마음의 속도를 낮추는 의식이다.
손끝의 움직임과 호흡에 집중하는 사이, 일상에서 놓쳤던 여백과
고요가 자연스럽게 스며든다.

# Sunchang on the Table

기다림이 완성한 맛
순창

섬진강 줄기를 따라 완만한 산과 들이 이어지는 순창. 자연의 시간 속에서 발효되고 숙성된 맛이 이 고장의 일상
과 식탁을 완성했다. 고요한 풍경 속에 깊은 순창의 맛이 진한 여운으로 남는다.

# 정원이 완성한 휴식

## 베르자르당

사계절 푸른 야자수와 함께 어우러진 이국적인 유리 온실 카페인 베르자르당. 3,000평 규모의 예식장을 개조한 대형 베이커리 카페로 작품을 전시하는 공간이 따로 마련되어 있어 복합문화공간으로도 알려져 있다. 예식장으로 쓰였던 흔적이 곳곳에 남아있지만 오히려 특유의 낭만과 우아함이 매력적으로 느껴진다. 야외에는 시원하게 물줄기를 내뿜는 분수와 아기자기한 산책로가 있어 싱그러움을 더한다. 무엇보다 베르자르당을 빛나게 하는 것은 건강하고 품질 좋은 베이커리다. 설탕과 우유, 버터, 방부제를 넣지 않고 천연 발효종 저온숙성 과정을 거쳐 만들어 빵은 항상 인기가 많다. 고풍스러운 저택의 작은 정원을 닮은 공간에서 순창 여행의 쉼표를 찍을 수 있다.

📍 전북특별자치도 순창군 순창읍 교성리 423
☎ 0507-1325-5305
❎ 에스프레소, 비건 사색식빵, 순창고추장 소시지 크로와상 등

'erre Jardin

# 100년 한옥에서 맛보는 전통의 향연

## 새집

전통 고추장을 이용해 만든 음식과 다양한 장아찌에 연탄불에 구워 불향이 배어 있는 불고기가 한 상 가득 나오는 순창식 한정식을 맛볼 수 있는 곳. 해산물보다는 다양한 나물과 젓갈류가 많은 것이 특징이고 상 위의 빈 공간을 찾아볼 수 없을 만큼 푸짐한 상차림이 새집 한정식의 매력이다. 100년이 넘은 한옥에서 대를 이어오며 운영되고 있는 한정식 전문점으로 시골 할머니댁의 풍경과 인심을 그대로 담고 있다. 전통 한옥 건물로 방마다 나뉘어져 있어 툇마루에 걸터앉아 바라보는 풍경이 소박하면서도 정겨움을 자아낸다. 양념이 자극적이지 않고 슴슴해 집밥 같은 편안함을 전하기 때문에 어르신들에게도 인기가 많다. 무엇보다 주문한 음식은 두 명의 직원들이 가득 차려진 밥상째로 들고 와 내려두고 가는데 이런 방식 또한 흔히 볼 수 없는 풍경으로 새집을 찾는 즐거움을 더한다.

📍 전북특별자치도 순창군 순창읍 순창6길 5-1
☎ 063-653-2271
✖ 한정식, 조기탕, 홍어탕 등

1판 1쇄 2026년 3월 23일

**발행처** 주식회사 비파이브크루
**기획·디자인** 주식회사 비파이브크루
**등록번호** 성남, 바 00056
**등록일자** 2024.02.19
**인쇄** 나눔프린팅
**주소** 경기 성남시 분당구 대왕판교로 645번길 12 8층
**기사 및 제휴문의** 031-705-0616
**홈페이지** www.b5crew.com
**제작지원** 전북특별자치도문화관광재단(063-230-7400)
**ISBN** 979-11-988654-6-5

Copyright ⓒ 전북특별자치도문화관광재단, 주식회사 비파이브크루

이 책에 실린 모든 저작물의 권리는 전북특별자치도문화관광재단과 주식회사
비파이브크루에 있습니다. 책자 내용 및 활용 문의는 전북특별자치도문화관광
재단이나 주식회사 비파이브크루로 연락 바랍니다.

**본 서적은 서부내륙권 관광진흥사업의 일환으로 제작되었습니다.**